je peux...

l'art de se réaliser

antoine torrent

je peux...

l'art de se réaliser

Relecture : Valérie Lafon
Correction : Charles Torrent
Autres contributeurs : Valérie Bartizel

Édition : BoD · Books on Demand GmbH, In de Tarpen 42, 22848 Norderstedt (Allemagne)
Impression : Libri Plureos GmbH, Friedensallee 273, 22763 Hamburg (Allemagne)

Impression à la demande
ISBN : 978-2-3225-3493-7
Dépôt légal : Décembre 2024

À Marina, Charles, Lou-Anne

Je vous aime

Merci Valy !

La vie est une dynamique et un biotope à la fois, elle est faite de créatures qui tôt ou tard, deviennent la pitance de l'autre.

La toute-puissance n'existe pas !

Introduction

" je peux ! " est un émerveillement !

Il est ce moment qui ne nécessite aucune réflexion. Ce moment dans le fil des choses, après j'avais envie, j'ai entrepris... maintenant j'obtiens... et j'en suis satisfait !

C'est magique !

Ce sont ces moments de toute puissance que le bébé a habituellement la chance de vivre dans ces premières heures.

Ensuite, au fur et à mesure que les jours passent... il comprend que le sein ou le biberon, même s'il est dans sa main... n'est pas à lui.

Il découvre au fil des jours, ce qu'il y a derrière son objet de désir... Maman... et qu'en plus, elle n'est pas seule !

Durant ces premières années, s'accumuleront de nouvelles données rendant ce " je peux ! " de plus en plus complexe !

Quand on ouvre un livre sur le développement personnel... cet enchaînement s'est grippé.

Nous sommes dans un moment où le "je peux" est bloqué et nous recherchons des solutions nouvelles.

Tout au long de ma carrière, j'ai abordé l'accompagnement avec une idée simple : la soluce est ailleurs... ce qui souvent pour le moins, surprend mon interlocuteur !

Ainsi posé, le début de la relation avec celle ou celui qui souhaite être accompagné, semble être un non-sens.
Comment la solution pourrait être ailleurs... alors que tout au long de ma vie, je ne cesse de me prendre en main ?

C'est la raison pour laquelle j'ai décidé d'être accompagné... et donc je pense que la solution est ici !

Ne nous fâchons pas pour commencer... nous en aurons bien le temps.

Pour l'heure, nous sommes d'accord, le postulat "la soluce est ailleurs !" dit exactement cela !
Parce que l'intelligence humaine est d'un potentiel exceptionnel... et que chacun est plus capable que n'importe qui d'autres, de résoudre ses problèmes dans son environnement.
Quand nous n'y parvenons pas, c'est que la solution est ailleurs et non que notre intelligence ait failli...

Alors là... l'effroi et la stupeur se lisent sur les visages !

Quand nous avons besoin d'aide, recevoir en retour que notre intelligence suffit... paraît ubuesque !
La démarche d'accompagnement sous cette forme semble illusoire.

En réalité, nous n'utilisons au quotidien qu'une très petite part de notre cerveau et beaucoup recherchent un "je peux" sans effort.

Si vous avez entrepris de lire cet ouvrage avec cet état d'esprit, n'allez pas plus loin... fermez-le !

Dans ce texte, vous ne découvrirez que des concepts liés à la volonté d'agir et au bonheur de se remettre en cause pour s'améliorer... donc il faut en avoir l'intention !

Maintenant, si le labeur ne vous rebute pas et que vous êtes toujours là, reprenons où nous en étions :

"la soluce est ailleurs !"

L'idée est d'autant plus surprenante que trouver dans cet ailleurs, tellement immense, les éléments dont nous avons besoin, semble être une illusion.

Quand nous sollicitons un professionnel... Nous souhaitons maîtriser et contrôler davantage encore !

Alors, s'entendre dire que c'est dans un ailleurs immense, que nous devons rechercher la solution, si précise et si singulière à notre situation... c'est une aberration !
La chose est extrêmement désespérante... nous sommes d'accord !

Mais comment faire ?

Malgré qu'aujourd'hui nous ayons la chance de disposer, sur ces sujets de siècles de recherches par nos paires et nos aînés, la recherche d'une solution dans l'ailleurs consiste à trouver une aiguille dans une botte de foin.

Alors, l'on peut renoncer !

La tâche paraissant irréalisable... Ou bien, l'on peut rassembler les outils de nombreuses disciplines, des sciences dures aux sciences humaines, tel que l'on pourrait le faire pour résoudre le problème de l'aiguille dans la botte de foin.

Évidemment le défi nous parait colossal, mais il existe plusieurs techniques qui sont en mesure de nous aider à atteindre notre objectif. Pour augmenter nos chances de réussite, nous allons réduire la zone de recherche en identifiant le dernier endroit où l'aiguille a été vue.

Nous allons diviser la botte en sections, chaque section pouvant être étalée sur une surface plate, comme une bâche ou un drap, pour une meilleure visibilité.

Fort de cette envie de la trouver, nous nous aiderons d'outils comme un aimant, une loupe, ou encore une lampe de poche, afin d'éclairer les zones d'ombres.

Il s'agit de procéder avec méthode et de prendre son temps. Il est important de se reposer régulièrement pour éviter la fatigue oculaire.

Nous pouvons aussi combiner les techniques, comme utiliser un aspirateur avec un aimant ou même inonder le foin et ainsi voir notre aiguille flotter.

Même si les chances de retrouver une aiguille dans une botte de foin sont minces, cela reste réalisable !

Alors si c'est réalisable, qu'attendons-nous pour nous y mettre ?

Maintenant que nous sommes d'accord... et que nous avons envisagé l'idée que la solution est ailleurs, nous allons entreprendre de nous déplacer au cœur même de nos pensées, en y faisant une très belle balade.

Et à cette occasion peut-être ainsi, résoudre quelques-unes de nos difficultés.

Au cours de ce périple, nous aborderons de nombreuses notions et quelques idées folles, car dès nos premiers pas, nous rencontrerons notre compagne de voyage : la complexité de l'être humain.
Qu'est-ce que la complexité ?

Pour beaucoup... C'est caca boudin !

Alors... nous allons nous fâcher parce que la complexité est un mot magique !

Expliquons-le à une enfant de cinq ans... La simplicité, c'est comme quand tu essaies de résoudre un puzzle et qu'il est facile à terminer, parce qu'il y a quelques pièces. La complexité, c'est quand il y a beaucoup de pièces et que tu mettras beaucoup plus de temps... la complexité, c'est à quel point quelque chose est facile ou difficile à faire.
Maintenant, pour le dire à un novice, prenons une liste de 3 articles, les courses sont simple à faire. Mais avec une liste de 100, la tâche devient plus difficile et le moment plus grand. La complexité permet de mesurer cette augmentation dans le temps et l'espace.

Elle est l'étude de ce qui résiste à la simplification.

On la retrouve particulièrement à l'œuvre dans les comportements humains, où souvent les relations sont multidimensionnelles et subjectives, du fait même de brusques changements émotionnels.

Si tu es toujours là... commençons par en convenir, la complexité, ce n'est pas "caca boudin" puisque que pour comprendre notre environnement, nous allons devoir en saisir toute sa complexité !

Et pour faire honneur à cette nouvelle compagne, nous allons tenter de marier deux contraires, la vision précise avec la vision d'ensemble.
L'une est l'aptitude à distinguer le détail, l'autre la capacité à voir le global. Il s'agira d'appréhender l'entièreté et le corpuscule, à la fois. Pour cela nous utiliserons la pensée ondulaire !

Quèsaco ?

À peine lu, ça donne envie de se coucher pour faire passer le mal de tête.

Qu'est-ce que l'entièreté ?

L'entièreté, comme son nom l'indique...est cet ensemble exhaustif des éléments d'une situation donnée. Elle nous éclaire en même temps sur la problématique et son contexte.
Il s'agit du général et du précis à la fois, soit dans un même regard, de la totalité et du détail assemblés.

Nous percevons bien qu'avec une telle idée... vouloir concaténer l'immense et l'infime... relève de la gageure, ça paraît infaisable.

Certains diront même :
« vade retro satanas... c'est une chimère ! »

Heureusement... entre en scène la pensée ondulaire !

La pensée ondulaire est une autre façon d'appréhender la chose. Elle nous oblige au mouvement, elle met l'ensemble en dynamique... Elle nous démontre ainsi sa cohérence et alors là... miracle, oh miracle, le mariage entre l'immense et l'infime s'opère !

Elle est cette façon particulière de penser en considérant que la seule constance est le changement... Tout change en permanence. Elle nous amène jusqu'au très haut pour distinguer l'ensemble et nous achemine jusqu'au très bas pour découvrir le minime.

Observons une situation pour l'illustrer.

Une abeille éclaireuse revient à la ruche et s'agite. Elle transmet à ses congénères les informations sur le lieu où la nourriture abonde.
La pensée ondulaire va nous aider à décrypter ces éléments de langage et sa danse effrénée.

Comment ?

Commençons par l'entièreté, observons la totalité du biotope. Ensuite, déposons une coupelle avec du sirop en différents lieux et récoltons les données des mouvements de la butineuse à chacune des positions de la soucoupe.

À l'analyse de sa danse, nous découvrons qu'elle se déhanche pour dessiner des huit en fonction de la distance de la nourriture. La biguine de l'abeille téméraire est en corrélation avec la distance à parcourir. Elle combine dans sa chorégraphie l'angle entre le soleil et la source sucrée pour informer ses congénères.

Décrypter le jargon des abeilles nécessite une vision haute, afin de prendre en compte tous les éléments du milieu, mais aussi une vision très précise centrée sur la danse de l'insecte.

Par un va-et-vient presque enfantin, entre le global et le détail, notre esprit intègre les données et pense de façon ondulaire. Le cerveau utilise deux manières de cogiter en même temps... le mode linaire et l'arborescence !

La pensée linaire peut être comparée à une tige... un brin d'herbe, elle est cette forme de penser qui s'élève à partir des éléments précédents. C'est la pensée verticale.
Quant à la pensée arborescente, elle foisonne à partir d'un tronc pour produire de nombreuses branches et ramifications, y compris quelques fois contradictoires ; on parle aussi de pensée latérale.

La pensée ondulaire est ce mélange savoureux entre ces deux raisonnements. Il est possible de parvenir à réfléchir ainsi, seulement si nous sommes en dynamique.

Tout au long de notre virée à travers la psyché, nous remplirons nos bagages de nombreux outils de ce genre. Des outils capables de nous aider à penser en mouvement, en évolution, comme l'est en permanence naturellement notre milieu social.

Notre premier outil sera la métaphore de la mer montante.
Quelle approche magique !

De quoi s'agit-il ?

Au début rien ne change, comme dans l'analogie d'une immersion par accumulation, puis à un certain niveau... la problématique disparaît.

Waouh !

L'idée est d'accepter l'œuvre du temps, plutôt que d'asséner des coups de bélier à la situation.

Mais pour que le temps fasse son œuvre, il est très important de s'y mettre immédiatement. Il s'agit de s'attaquer d'emblée au problème, en accumulant autour de lui de nombreuses préférences, jusqu'à le submerger par un savoir pertinent.

Alors, le problème va naturellement ramollir, au fur et à mesure de l'immersion dans des concepts plus larges, et telle la coque d'une graine dans un verre d'eau, il pourra se défaire simplement.

L'idée n'est pas de noyer la situation, mais qu'elle se défasse et se résolve d'elle-même, dans une démarche cognitive plus grande.

Prenons un élève qui a des difficultés à comprendre son cours. Avec cette notion de mer montante, il pourra acquérir le savoir qui lui paraît ardu, en utilisant un autre rythme. Ainsi, face à sa difficulté d'apprentissage, proposons-lui de construire une carte heuristique avec le contenu en question.

Il aura une vision plus large des données qu'il a à comprendre, ce qui lui permettra d'identifier ses zones de lacunes dans le cœur de sa formation.

La carte heuristique lui facilitera l'observation de ses points de blocages et des savoirs à acquérir. Il pourra ainsi accumuler de la connaissance avec différentes pédagogies sur le sujet pour les intégrer.

Avec la volonté d'y arriver, il pourra trouver l'angle émotionnel d'acquisition des connaissances qui lui conviendra le mieux.

L'analogie de la mer montante consiste à entourer la difficulté d'un empilement de concepts adaptés. Par des abstractions concentriques, d'étape en étape et par différentes déductions... la difficulté est ainsi submergée ou dissoute, la mer montante finissant par l'engloutir.

Trop souvent notre esprit est tel... qu'à l'arrivée des nouveaux draps en lin, nous regardons la place restante dans l'armoire normande et s'ils sont trop volumineux... Il ne viendrait à l'idée d'aucuns de casser le meuble... quel dommage !

Le concept de la mer montante nous permet de remédier à cet état de fait, et d'intégrer toutes les données en naviguant à notre guise dans cet ailleurs, si vaste et tellement influant dans notre scénario de vie. Car même ailleurs, où que nous soyons, nous sommes toujours quelque part !

Prenons un temps de pause... Maintenant que nous sommes dotés d'un état d'esprit propice à de nouvelles approches intellectuelles... commençons par une évidence.

Nous savons qu'il existe des conditions favorables à l'instant "je peux" et que la réussite dépend d'un certain nombre de facteurs extérieurs, mais aussi de facteurs intérieurs au fond de nous.

Cette double observation nous permettra d'étudier les circonstances bénéfiques à notre objectif.

Quand nous pensons aux conditions externes, nous pensons à l'accès à des ressources telles que de l'argent, du matériel ou des informations clés sur le sujet.

Nous pensons aussi au soutien social dont nous avons besoin. C'est un facteur important de la réussite. Il peut provenir de la famille, des amis, des collègues ou d'un mentor. Tout cela permet d'être dans un environnement qui favorise la motivation, la créativité et la collaboration.

Mais en plus de tous ces éléments extérieurs là, il en est un autre des plus importants...

La propriété émergente !

Elle surgit soudainement de l'environnement...
Elle émerge des éléments en présence et métamorphose le moment trivial en un instant sublime !

Nous découvrirons en quoi la propriété émergente est impérative à la réussite... comment la rencontrer ou comment aller à sa rencontre. Elle sera une découverte essentielle au cours des prochains chapitres.

À ce moment du raisonnement, nous avons fait le plein des conditions extérieures heureuses. Bien qu'elles soient propices et indispensables à votre envie d'aboutir, elles sont insuffisantes à l'instant "je peux"... il faut aussi un intérieur favorable !

Prenons le cas d'une rédaction. Écrire nécessite du papier, un crayon ou même un outil high-tech... mais cela ne peut suffire !

Il est nécessaire aussi de connaître la calligraphie des lettres de l'alphabet. Nous savons bien cela !

Les conditions favorables internes sont indispensables à l'écriture, tout comme avoir les compétences pour réaliser la tâche. Par exemple, être motivé et persévérant, ou simplement croire en ses chances de réussite face aux difficultés.

Mais comme pour l'extérieur, en plus des facteurs internes déjà évoqués, un facteur supplémentaire est primordial à la réussite...

La psyché dynamique !

La psyché dynamique nous permettra de comprendre, comment se construisent nos choix et comment ils nous pilotent vers la réussite... ou dans le fossé.

Au fur et à mesure de la lecture, se tisse sous nos yeux le fil de la complexité et donne de plus en plus d'importance à la concordance entre notre environnement et notre désir.

Oui !

Nous prendrons le temps tout au long du livre, de développer pas à pas chaque démarche et nous tenterons de découvrir les paramètres cachés... de la pièce d'à côté.

Mais avant d'aller gratter dans l'ombre de notre psyché pour y trouver ces fameux paramètres, nous observerons avec de la hauteur une fois encore, les facteurs qui savent nous conduire vers les lieux fertiles de notre potentiel.

Posons-nous un instant !

Pour le dire autrement, il y a deux espaces : un dehors et un dedans qui coévoluent différemment, chacun avec sa logique. Celui de l'extérieur est l'espace plausible, celui de l'intérieur l'espace possible.

Vu d'en haut, les lieux propices à la réussite forment un territoire fécond par partie... Il est seulement vrai en certains points, il n'est pas continu... il est en pointillé !

L'espace plausible ressemble au gruyère. On y trouve de grandes zones évidées de la réussite et des lieux pleins qui concentrent le succès. Ces endroits aux aubaines généreuses sont parsemés sur la totalité de l'espace.

Avec de la hauteur, nous pouvons mesurer la distance qui nous sépare de notre aboutissement et en déduire les parcours pertinents vers le moment heureux. L'ensemble de ces parcours est un faisceau de trajets que notre psyché dynamique pourrait emprunter pour arriver au lieu fertile du "je peux"...

Grâce à l'entièreté nous voyons maintenant que cet espace plausible extérieur a la forme d'une grille avec des trous immenses. Cette l'entièreté nous permet aussi d'observer un espace possible intérieur sous la forme d'un fagot de chemins sinueux.

Forts, de ces nouvelles idées, nous sommes prêts à dépiauter nos parcours de vie, à la lumière de ces deux espaces. Ils nous dévoileront les éléments très simples à l'œuvre au fond de notre inconscient, ces éléments paramètres qui combinés entre eux produisent la singularité de notre scénario de vie.

En partant de cette simplicité presque enfantine comme "oui et non", nous découvrirons aussi qu'en ajoutant seulement deux autres colistiers de la même espèce, surgira la notion d'information incompressible.

Oulala... ça se complique ???
À première vue, le sujet semble ardu !

Néanmoins, avec de la méthode, de la bienveillance et du courage, nous parviendrons à décrypter la complexité de ces instants de vie... Nous y mettrons un peu de fraîcheur et de naïveté, afin de rendre toutes ces idées accessibles.

Que dire de plus dans cette introduction...

Y aurait-il de la géométrie cachée dans l'ombre de la poésie ?

Nous verrons !?

Tout au long de cet ouvrage, nous garderons à l'esprit que nous parlons à la petite personne qui est en nous. À celle qui est au fond de la psyché, celle qui nous tape dans le ventre et qui souvent nous impose sa décision !

... mais qui construit aussi notre résilience !

Voilà, notre objectif est fixé... Ne nous manque que le vent favorable, ce vent qui nous portera vers le but escompté, il est le vent propice au voyage en dialogue intérieur.

Aujourd'hui ou demain, malgré les facéties de l'aléa et du hasard, ce vent si précieux finira toujours par souffler.

Puisque maintenant le sort en est jeté, que l'épopée commence !

"Bon vent ! " comme le disent les marins.

L'Entièreté

L'Entièreté

La Frustration

"Le jour se lève à peine, et Jojoba est déjà dans ses rituels du matin. Il se lève, se prépare et s'apprête à partir à son job.

- Mais... Où sont-elles ?

Il s'aperçoit qu'elles ne sont plus à leur place, leur place habituelle, dans la vasque en verre sur le meuble près de la porte d'entrée.

- Où sont-elles ?

Jojoba cherche frénétiquement ses clés... dans la cuisine, sur le bureau, dans le salon, mais elles restent introuvables.

La panique commence à monter. Il est déjà en retard... et il a un rendez-vous important qui l'attend.

"Mais où ai-je bien pu les mettre ?", se répète-t-il sans cesse. Il se souvient les avoir vues hier soir sur la table basse, lorsqu'il avait rangé son sac.

Il retourne dans le salon et examine minutieusement la table basse, mais elles n'y sont pas non plus...

Il vocifère un « Merde ! »

Le stress monte et Jojoba commence à s'énerver. Il fouille dans tous les coins de l'appartement, retourne chaque meuble, vide ses poches, mais les clés se sont volatilisées, comme par magie...

Comme par magie noire !

Désespéré, il s'assoit sur le canapé la tête entre les mains. Il est sur le point de renoncer, d'abandonner, le temps passe trop vite. Il va appeler un taxi.

Quand.... Quand il remarque un petit détail...

La porte du placard à chaussures est légèrement ouverte. Une vague d'espoir le submerge.

Il se précipite vers le placard et ouvre la porte.

Et là, sur l'étagère du haut, accrochées à un vieux porte-clés, elles sont là !

Comme si elles l'attendaient !

Une fois les clés en main, Jojoba pousse un soupir de soulagement mêlé à un rire nerveux.

Il avait oublié ! Il les avait mises à cet endroit... Rangées là, hier soir, après avoir nettoyé ses chaussures.

Cette mésaventure lui servira de leçon. Il décide que désormais les clés seront toujours au même endroit, à un endroit bien visible et accessible."

Chacun d'entre nous a rencontré ce genre d'événement un jour ou l'autre dans son existence. Et chacun, a encore en tête ce moment cuisant de douleur et de frustration...

La frustration est cette réaction humaine normale et saine.

Elle nous indique que quelque chose ne va pas. Pour tenter de la comprendre, nous allons entreprendre un voyage insolite.

Un voyage aux belles surprises faites de joies féeriques et de peurs effrayantes d'incohérences.

Certains d'entre nous considèrent que la réussite est une problématique à résoudre pour l'atteindre, quand d'autres sont convaincus qu'il suffit d'en rêver et d'y croire pour y parvenir.

Cela dépend de la personnalité de chacun. Les uns privilégient la résolution de problèmes, quand d'autres sont portés par une approche intuitive.

Quelle est donc la meilleure méthode ?
>   Avoir une stratégie mûrement réfléchie
>   ou
>   Agir au fil de l'eau avec la malice du jour ?

Effectivement un rêve sans plan peut rester à l'état de fantasme, et une méthode purement pragmatique peut manquer de passion.

Alors, nous verrons bien...

L'Entièreté

La Pensée Ondulaire

Pour nous familiariser avec cette notion d'entièreté, nous allons tenter deux expériences.

Le premier exercice consiste à prendre un rendez-vous avec soi-même, de nous munir de notre chronomètre préféré pour faire un entretien de présentation devant un miroir.

Une fois l'exercice terminé, évaluons spontanément à l'instinct combien de temps nous nous sommes parlés... et vérifions la durée du moment avec le chrono.
Plus nous sommes près du temps effectif, plus nous avons en nous cette notion d'entièreté en instinct.

La seconde expérience est plus abstraite. Choisissons un sentier fréquenté par les joggers et les vélos. Asseyons-nous sur un banc et observons le trafic, soit la circulation des sportifs...

Étonnamment, les croisements des acteurs sur le sentier forment des grappes et se produisent seulement à certains endroits. Ils sont fréquents et denses ici quand ils n'ont jamais lieu là-bas.

Ce phénomène de convergence nous invite à penser que notre espace est lacunaire avec de grandes zones vides et de tout petits endroits hyperdenses de "réussite".

L'astrophysicien Jean-Pierre Petit nous propose avec son modèle cosmologique "Janus" une idée similaire. Son concept est brillant, il est le seul pour le moment à décrire la naissance des galaxies dans des alcôves lacunaires à l'échelle.

Cette idée d'univers en gruyère est à creuser par analogie avec notre biotope. Nous garderons à l'esprit que l'entièreté nous permet d'observer que notre jardin d'action n'est pas continu, pour le dire à la façon des scientifiques, il est discret.

Bon ! Revenons à notre sphère de la vie quotidienne, celle où nous évoluons chaque jour et tentons de réussir cette odyssée au sein même de nos pensées.

Pour cela, nous avons besoin dans notre balluchon de quelques principes et abstractions adaptés à l'enjeu.

Un Français va nous y aider. Il nous propose une vision singulière pour s'attaquer aux problèmes les plus ardus. Nous aurons besoin de ses lumières pour ce périple au fond de nous-même.

Sa vision peut se résumer ainsi :

« Nous observons les choses de trop près »

Alexandre Grothendieck, est un des plus grands mathématiciens. Tout au long de son œuvre colossale et universelle, il nous a démontré qu'il y avait un trésor d'informations à découvrir, lorsque l'on était capable de penser à la fois dans le détail et dans le global.

Au cours de ces découvertes, il a réussi à associer le précis et le général, faisant des ponts inattendus entre les univers mathématiques.

Il nous a démontré comment aller à l'universel tout en gardant l'amour du précis, juste par un va-et-vient naturel et selon ses dires, presque... enfantin.

Au travers de ces travaux, Grothendieck a mis en œuvre la puissance de cette méthode de penser. Tel un bambin qui découvre avec sa fraîcheur, le monde naturel en s'amusant.

Cette approche philosophique considère que la réalité ni statique, ni figée, mais plutôt fluide et dynamique, comme le sont des ondes en mouvement.

Il s'agit d'utiliser ce balancement amusant entre le haut et le bas, entre le global et le ponctuel, tellement riche de compréhension.

Ce mode de réflexion est décrit comme une onde, d'où la pensée ondulaire. Elle s'inspire de nombreuses découvertes scientifiques.

Grothendieck va dévoiler avec cet outil ludique les archétypes cachés des mathématiques et de la matière. Il s'en servira pour découvrir le concept des Topos...
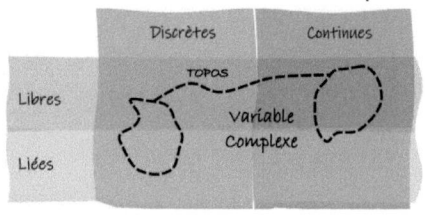
Cette formidable invention pour la science !

Cette façon de penser nous oblige à une navette libre et instantanée, telle la vague d'une sinusoïde. Pour Alexander Grothendieck, ce mariage entre l'universel et le naturel est symbolisé par ce bon mot :

« Les épousailles du nombre et de la grandeur ».

Nous aborderons à nombreuses reprises cette technique. Avec cet outil en poche, il découvrira des ponts entre les branches fondamentales des mathématiques, entre les « libres », les « liées », les « discrètes » et les « continues ».

Il nous a laissé un héritage grandiose et fantastique, à nous les êtres vivants, à la condition humaine.

La pensée ondulaire permet à l'esprit d'aller de l'universel au naturel, et de faire cette alternance avec la candeur d'un enfant !

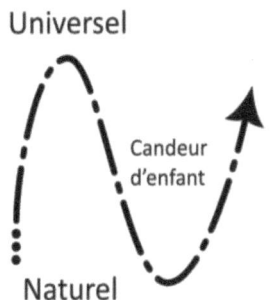

Bien sûr, chacun sait bien qu'il est important de prendre du recul de temps en temps et de regarder les choses dans une perspective plus large.

Nous savons que cela nous aide à mieux comprendre les situations et à prendre des décisions plus judicieuses, en réduisant le stress et l'anxiété.

Mais la pensée ondulaire, est cela et bien plus encore. Elle permet d'appréhender la complexité en nous proposant d'observer le global et le précis à la fois. Il s'agit d'une dynamique proche de la réalité, mais qui s'en extrait aussi en dépassant les obligations dans lesquelles la pensée est à l'étroit.

Par exemple, un électricien doit poser une étiquette sur un interrupteur qui allume le couloir de la cave... Il ne lui reste sur sa carte qu'un seul accès à la cage d'escalier de l'immeuble. Son problème est qu'il y a trois interrupteurs devant lui, et qu'il ne pourra aller vérifier qu'une seule fois.

Comment doit-il s'y prendre pour définir le bon boîtier ?

La pensée ondulaire est magique, elle va lui permettre de résoudre son problème. En allant à l'entièreté puis au corpuscule, il aura l'idée d'utiliser la température de l'ampoule pour déterminer le bon bouton.

Il commence par allumer le n°1 pendant 5 min, puis l'éteint et allume le n°2 avant d'utiliser son dernier accès pour aller à la cave. Si la lampe est chaude, c'est le n°1… si elle est allumée, c'est le 2 et si elle est froide, c'est le numéro 3 qui aura l'étiquette.

La pensée ondulaire consiste à sélectionner dans différentes théories et angles de vues les éléments qui paraissent les plus intéressants pour constituer un système singulier et complet en soi, spécifique à la situation.

Cette façon de diriger sa pensée libère la créativité et les possibilités d'associer différents éléments entre eux, quitte à être farfelu et incohérent au début. Ainsi en s'ouvrant à l'adhésion de plusieurs doctrines en même temps et en s'obligeant à butiner dans diverses sources et références, nous pouvons construire une vision spécifique d'un ensemble en mouvement.

La pensée ondulaire fait des allers et retours holistiques, du grandiose au futile, du générique au rare, de l'immense à l'infime, et cela, dans une démarche fluide, simple et légère, sans jamais s'enfermer dans un seul dogme ou dans une seule théorie, mais en les intégrant, ensemble.

Ce conjungo entre l'œcuménique et le détail dans les systèmes combinants est une notion qui nous invite à repenser notre rapport au monde du fait de son organisation complexe spontanée.

Cela nous ouvre en même temps différents horizons par l'établissement de ponts inattendus, tels que pourrait être l'amitié du lapin et de la carpe, chacun s'inspirant du monde de l'autre.

Ces allers et venus, de bas en haut et vice versa, font surgir un tout bien supérieur à la somme des parties en présence.

Pourquoi la candeur est indispensable à la réflexion ?

Parce qu'elle est cette innocence du "pitchoune" face aux barrières et aux conventions du savoir et de la bienséance. Elle est cette vision du monde idéalisée, teintée d'optimisme et de confiance, qui franchit les obstacles avec l'aisance d'un papillon.

Elle nous permet d'allumer une curiosité insatiable sur le monde, lieu si fascinant et rempli de mystères.

Être un enfant, c'est poser et se poser constamment des questions comme : "Maman, pourquoi le roi est nu ?"

Être un enfant, c'est aussi être avide de découvrir de nouvelles choses et laisser libre cours à l'imagination et à la spontanéité... Il faudra un peu d'entraînement et d'exercices pour s'habituer à penser en ondulaire.

Apprendre à jeter sa pensée, tel un parachutiste, dans un espace aux caractéristiques nouvelles... sans se soucier des conséquences et sans dissimuler ses émotions ou adapter son comportement aux attentes des autres... en tout cas, au commencement.
Viendra bien le temps de la confrontation avec la réalité et avec notre champ d'interdits habituels !

Avec la pensée ondulaire, la rencontre des contraintes de la problématique est naturelle. Elle a lieu avec l'ingénuité et la joie de vivre... la candeur de l'enfant est un trésor à chérir.

Voici un conte universel pour l'être humain.

Ce récit d'Antoine de Saint-Exupéry.

Son texte est un concentré de pensée ondulaire...

Le Petit Prince :

- S'il vous plaît... dessine-moi un mouton !

- Mais... qu'est-ce que tu fais là ?

- S'il vous plaît... dessine-moi un mouton...

.

.

.

Alors j'ai dessiné...

Le Petit Prince regarda attentivement, puis

- Non ! Celui-là est déjà très malade. Fais-en un autre.

Je refis donc encore mon dessin...

Mais il fut refusé, comme les précédents :

- Celui-là est trop vieux, je veux un mouton qui vive longtemps.

- .....

Alors, je lançai :

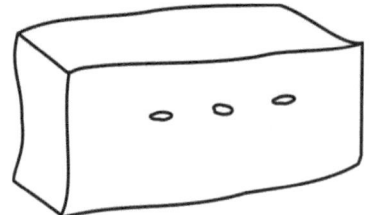

- ça, c'est la caisse !

Le mouton que tu veux est dedans.

Mais je fus bien surpris de voir s'illuminer le visage de Mon Petit Prince

- C'est tout à fait comme ça que je le voulais !

Saint-Ex nous propose ici, la séquence "je veux", "je peux", en raccourci, cette séquence, que nombre de philosophes nous ont proposé d'étudier pour mieux comprendre, et mieux nous comprendre.

Le "je veux" exprime l'ambition, la volonté de l'individu, son désir, il est l'expression d'une aspiration ou d'un rêve. Il est souvent associé à une motivation profonde, à une détermination personnelle.

Le "je peux" est la suite logique, et démontre la capacité de l'individu à concrétiser son désir, à croire en ses capacités, en ses propres ressources et en ses potentialités. Il traduit la confiance en soi et la conviction de pouvoir surmonter les obstacles qui se dressent sur le chemin de la réussite.

Par cette séquence, "je veux", "je peux", Saint-Ex nous rappelle que chaque individu possède le pouvoir de réaliser ses rêves, à condition d'en supprimer les barrières... barrières qui nous empêchent d'y croire.

Oui, la volonté et la persévérance sont nécessaires, mais seulement après que le rêve se soit mis en route.

Albert Camus nous disait : " On appelle surhumaines les tâches que les hommes mettent longtemps à accomplir, voilà tout. "

Alors, commençons par s'autoriser l'utopie !

En voici une :

Tourja rêve depuis toujours de devenir musicien professionnel.

Il adore jouer de la guitare et chanter, et il peut passer des heures à composer des chansons et à créer ses propres mélodies. Il est convaincu qu'il a le talent et la passion pour devenir un auteur-compositeur-interprète à succès.

Tourja travaille dur pour perfectionner son art. Il a pris des cours de musique, participe à des concours et soumet ses chansons à des maisons de disques. Il a créé un groupe avec ses amis et commence à jouer dans les bars et dans les clubs locaux."

Cependant, malgré ses efforts, le rêve de Tourja de devenir un pro de la musique ne se réalise pas. Ses chansons sont souvent rejetées et il a du mal à trouver un agent pour le représenter. Il commence à douter de ses capacités et se demande si un jour, il parviendra à réaliser son rêve.

Tourja se sent particulièrement découragé. Il vient de recevoir une autre lettre de rejet d'une maison de disque, et il commence à abandonner son projet. Il souffre !

Maintenant, il est assis à son ordinateur, prêt à un coup de tête !
Il veut supprimer tous ses fichiers musicaux, il les déteste !
Il se déteste !

Comme pour le jeu de la marelle où le ciel et la terre font partie de la même structure, le rêve et l'utopie sont liés ensemble avec les attitudes et les comportements synchrones.

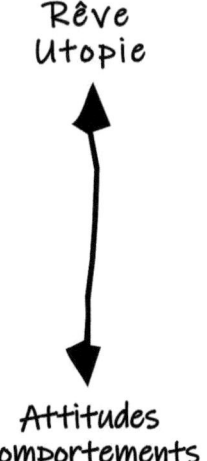

L'espoir nous aide à réfléchir et à dépasser les problèmes de notre vie quotidienne. Mais en complémentarité au rêve, il existe des attitudes associées concordantes.

De quoi se construisent nos comportements ?
Ils sont le résultat d'une somme d'interactions entre différents facteurs de notre personnalité... Ces interactions sont construites à partir de nos valeurs, de nos croyances, de nos émotions, de notre

culture sociale, et de l'atmosphère de notre enfance.

Tout cela produit de l'introversion ou de l'agréabilité, comme de l'extraversion ou de l'ouverture à l'expérience.

Par exemple, en colère, nous sommes plus susceptibles d'agir de manière impulsive.

À l'inverse, lorsque nous sommes heureux, nous sommes plus facilement bienveillants et généreux.

Cet enchevêtrement de valeurs, croyances, émotions et autres normes sociales produit une résultante qui fait balancier au rêve et à l'utopie.

Le comportement influence fortement notre capacité à remplir nos attentes, même si nous n'en avons pas toujours conscience.

"....Tourja, la mort dans l'âme, regarde une dernière fois son écran, avance lentement sa main au-dessus du clavier. Il va avec un seul geste tout supprimer, tout effacer... Toutes ses années d'efforts... bientôt volatilisées !

Quand, soudain... il a une idée...

Et s'il faisait un album !

Et s'il se redonnait une chance avec un nouveau projet. Un album, auquel il réfléchit depuis tant de temps.

Dans ces fichiers, il y a toute son âme, il y a tant d'heures de travail."

Quand nous sommes comme ce musicien, en échec vis-à-vis de notre utopie, il est possible de prendre conscience de nos attitudes et de nos comportements qui nous empêchent d'atteindre nos objectifs.

Dans ce genre d'impasse sclérosée, nous pouvons contourner ce vain va-et-vient entre le rêve et les attitudes, en agissant différemment.

Lolajola est une jeune fille de 12 ans, elle rêve de devenir gymnaste professionnelle. Elle est passionnée par ce sport depuis son plus jeune âge et passe des heures à s'entraîner à la salle de gym. Elle est talentueuse, mais elle a du mal à progresser.

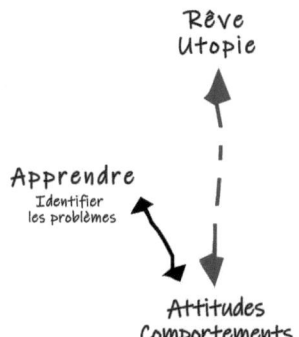

Elle manque de confiance en elle, et fait souvent des erreurs lors des compétitions. Elle y met beaucoup de ténacité, mais rien ne change.

Lors de sa dernière épreuve, elle est repérée par un ancien gymnaste multimédaillé pour ses victoires. Il voit son potentiel et décide de l'aider en lui proposant de travailler avec la philosophie des "petits pas".

Cette philosophie consiste à faire de petites actions pour tenter de s'améliorer continuellement.

Il l'encourage ainsi à se concentrer sur de petits objectifs réalisables plutôt que de se soucier de la perfection. Elle commence à mettre en pratique le principe des "petits pas".

Pendant ses entraînements, elle se lance avec cette nouvelle idée, faire de petites avancées sur des points précis.

D'abord, se concentrer sur l'amélioration des bases de sa technique.

Elle travaille sur la force, la flexibilité et l'endurance.

Avant, elle s'entraînait durant de longues heures.

Lolajola s'entraîne maintenant par intervalles plus courts et plus intenses. Elle se concentre sur la qualité de ses entraînements plutôt que sur la quantité. Grâce à cette technique des "petits pas", elle commence à observer des améliorations. Cela lui semble trop facile, voire puérile...

Peut-être, mais elle avance !
Les "petits pas" reposent sur un certain nombre de principes clés, notamment celui de se concentrer sur des avancées précises générées par de petits changements.

On oublie les grands changements radicaux, il s'agit d'envisager de petites évolutions progressives qui peuvent être facilement mises en œuvre et surtout être maintenues.

Ainsi l'athlète s'immerge dans une culture de la réussite. Cette méthode mène à des améliorations significatives à long terme, en s'obligeant à collecter régulièrement des données pour mesurer les petits progrès.

Ces indicateurs vont permettre d'identifier les problèmes et les difficultés, il est donc nécessaire qu'ils existent.

La méthode s'appuie sur des indices et des valeurs sans lesquelles pas d'observations de l'amélioration possible !

Les Japonais l'ont appliquée à l'industrie sous la méthode du KAIZEN. La technique des "petits pas" ne peut être mise en œuvre qu'avec des données réelles. Les mesures permettent de créer une culture de progrès continus.

La méthode est faite de petites séquences et d'indicateurs, elle devient ainsi une ossature, un mentor, une organisation solide.

Grâce aux données collectées, nous pouvons observer les améliorations et mettre en œuvre les corrections. Ainsi, nous avançons dans une autre échelle de temps, puisque la navette entre le rêve et les attitudes passe désormais par l'apprentissage.

Lolajola, au lieu de pratiquer pendant deux heures d'affilée l'entraînement, décide de le pratiquer par 30 minutes, mais avec une concentration plus accrue. Elle se focalise sur la correction de ses erreurs et sur l'amélioration de sa technique.

Elle s'engage également à pratiquer sa discipline chaque jour, même pour une courte durée. Elle sait que la constance dans les répétitions est la clé du succès. Elle commence maintenant à mesurer des progrès et elle continue à les noter dans son carnet. Cela lui permet de construire une vision globale de ses améliorations et de rester plus motivée.

Au début, les améliorations sont lentes. Mais elle y croit. Elle sait que les "petits pas" sont un processus à long terme et qu'il faut du temps pour voir des résultats significatifs.

Après quelques mois, elle remarque une réelle différence dans sa pratique. Elle se sent plus agile, plus précise et bien plus fluide sur la surface du praticable, sa confiance en elle est de plus en plus grande et les difficultés ne la découragent plus.

Un an après avoir commencé à pratiquer les "petits pas", elle remporte le premier prix d'un concours local. Elle est tellement fière de ses réalisations et sait que cette méthode a joué un rôle important dans son succès.

Depuis, elle utilise les "petits pas" dans tous les domaines de sa vie. Elle s'en sert pour améliorer ses notes, ses relations avec ses amis et sa famille, et même dans la façon de gérer son temps.

Lolajola adopte un autre comportement vis-à-vis de ses espoirs. Maintenant, elle a intégré que les plus petits progrès ont un impact sur ses résultats à long terme. Elle réussira !

Évidemment, l'histoire est belle, mais nous savons que cela n'est pas toujours aussi simple. Il existe bien d'autres bâtons cachés dans l'ombre, prêts à se glisser dans nos roues.

Les allées et venues entre le rêve et les attitudes n'ont pas qu'un seul circuit collatéral.

Nous venons de voir le circuit rationnel, les actes.

Ces actes que l'on améliore.

Soit le savoir-faire !

Mais, il y a aussi un deuxième chemin collatéral à l'axe rêves-attitudes... un deuxième chemin : le savoir-être !

Ainsi la navette entre l'utopie et le comportement passe aussi nécessairement par le circuit de nos sentiments. Ces sentiments et ces émotions qui sont des obstacles à l'accomplissement de nos rêves. Souvent, ils nous privent d'avoir les bonnes conduites pour réaliser nos objectifs, ce qui peut se manifester par la peur d'agir.

La peur est l'une des émotions les plus puissantes, elle peut nous empêcher de faire. Nous pouvons avoir peur de l'échec, du ridicule, de l'inconnu, ou simplement de sortir de notre zone de confort.

Cette peur qui soudain provoque une tension immédiate des muscles... une contraction du ventre... cette peur qui nous met en vibration, qui nous paralyse et nous empêche... nous empêche de prendre des risques nécessaires pour réaliser nos rêves.

Elle peut devenir doute et obstacle à la fois.

Dans bien des cas, nous pouvons hésiter quant à nos chances de réussite ou même douter de la valeur de nos rêves.

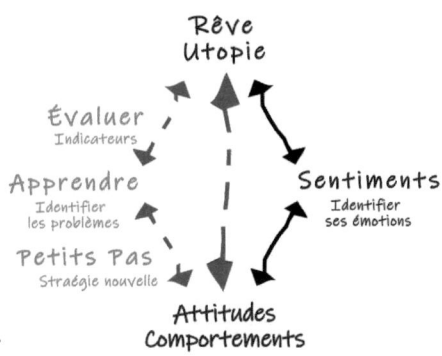

Ce doute altère le rêve. Lorsque les choses deviennent très difficiles, nous pouvons être amenés à abandonner notre utopie prématurément.

Tout se passe ainsi, puisque nous ne parvenons pas à modifier les attitudes qui nous permettraient de réussir... Alors nous nous attaquons au plus facile, nous modifions l'utopie. Il est tellement plus simple de changer de rêve que de modifier nos comportements pour parvenir à le réaliser.

Évidemment, nos émotions peuvent devenir des obstacles, la colère peut nous rendre impulsifs et nous amener à prendre des décisions hâtives qui ne sont pas dans notre intérêt.
Le fameux coup de tête !
Elle nous éloigne des personnes qui peuvent nous soutenir et nous aider à nous réaliser.

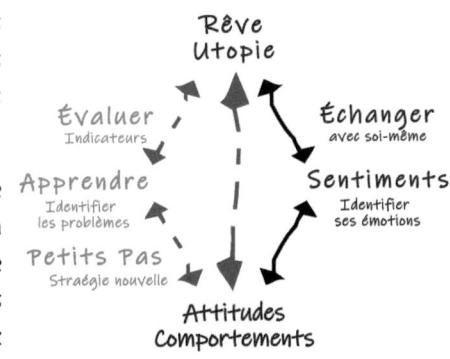

L'émotion de tristesse engendre de la démotivation et nous empêche de voir le positif. Elle nous rend plus sensibles aux critiques et aux échecs, et peut nous amener à nous faire abandonner nos rêves.

La jalousie également, par la comparaison qu'elle nous oblige à faire, peut nous conduire à comparer nos intentions et nos progrès à ceux des autres. Cela nous rend aigris et nous empêche de nous concentrer sur nos propres objectifs. Il est important de reconnaître que ces sentiments et émotions sont normaux, mais aussi qu'il est impossible de les éviter complètement.

Pour surmonter ces barrières émotionnelles qui nous privent d'avoir les bonnes attitudes menant à la réalisation de notre utopie, nous devons analyser nos sentiments et nos émotions. Autrement dit, apprendre à échanger avec nous-mêmes !

Il existe une multitude de moyens pour nous aider à gérer ce circuit des sentiments et ainsi nous éviter de dérailler de notre objectif. Des nombreux outils en développement personnel permettent de découvrir la genèse de nos émotions et nous en aborderons quelques-uns un peu plus loin.
Tout commence avec... prendre le temps de réfléchir à ce que je ressens, et à l'arbre des causes qui produit mes sentiments et mes émotions.

Voici la première marche, la première étape... réfléchir à mes émotions pour commencer à tenter de les accepter.

Il est tellement important d'accepter ses sentiments et ses émotions, même s'ils sont négatifs. Ne pas en rire, ni essayer de les supprimer... brutalement !

Il est crucial de comprendre que les sentiments que l'on éprouve dans une situation donnée sont liés aux stimuli de l'environnement, aux symptômes déclencheurs.

Après être parvenu à les identifier, il s'agit de les accepter. Les accepter, pour tenter d'en établir les raisons, et si possible, d'essayer d'en construire l'arbre des causes.

Qu'est-ce qui me fait peur ?

Pourquoi je doute de moi ?

D'où vient ma colère ?

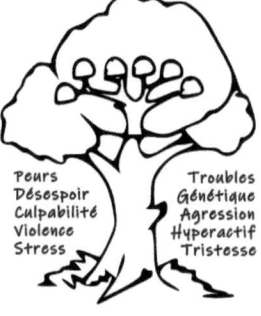

Seulement après avoir compris mes sentiments et mes émotions, je pourrai développer des stratégies pour entreprendre de les gérer.

La relaxation, la méditation, le développement personnel, ou même la sollicitation d'un professionnel de l'accompagnement sont des moyens d'y parvenir.

Oui je sais !

De nombreux conseillers nous disent qu'il est important de se concentrer sur le positif. Le pharmacien Émile Coué nous a proposé sa fameuse méthode, l'auto-persuasion.

Pour réaliser notre dessein, nous pouvons nous rappeler nos victoires passées et les raisons pour lesquelles nous croyons en notre rêve... nous dit-il !

Parvenir à modifier la relation avec soi-même est une très grande avancée vers notre utopie, tout comme ajuster son dialogue intérieur et ses pensées récurrentes permet de modifier les attitudes et les comportements qu'elles engendrent. Ces modifications changent notre posture et la mettent en corrélation avec notre rêve.

Quant à Tourja notre musicien... ça y est !

Il commence un nouveau projet, un album sur lequel il réfléchit depuis des années. Il y a mis le meilleur de sa créativité et maintenant il travaille chaque jour sans relâche.

L'album se termine, Tourja a décidé de l'autoproduire. Les premières maquettes sont un succès auprès de son panel. Il sait que c'est une chance à long terme et est déterminé à faire connaître son travail au monde entier.
Pour son plus grand plaisir, l'album plaît.

Il a reçu des critiques positives et des critiques moins enthousiastes, mais le rêve de Tourja de devenir un musicien professionnel est enfin devenu réalité."

Nous savons qu'avec du travail, de l'abnégation et de la persévérance, il est possible d'atteindre ses objectifs, tout comme nous savons aussi que l'eau ça mouille !

Mais pour parvenir vraiment à nos rêves, nous devrons parcourir les cinq points et franchir, une à une, chaque étape des barrières qui s'élèveront sur notre route vers le succès.
L'utopie nous oblige à modifier nos comportements.

Pour y parvenir, nous devons accumuler de la compétence avec différentes approches, afin de construire un savoir-faire.

Ensuite ou parallèlement, nous devons veiller à la concordance de nos sentiments, dans l'espoir de construire un savoir-être.

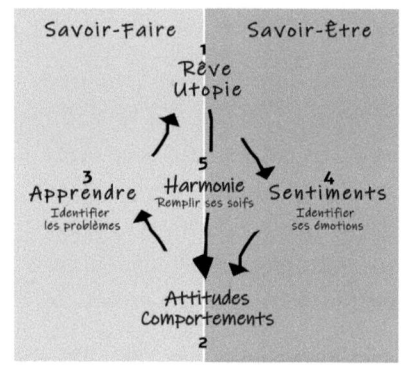

Ainsi, nous pouvons parvenir au Graal, soit l'harmonie entre nous et notre environnement.

Pour les sceptiques, cela est un lieu commun. Évidemment, chacun sait bien qu'il ne suffit pas d'avoir une méthode... car de nombreux facteurs influencent notre scénario de vie. Et souvent, ceux qui conseillent, nous proposent de l'enthousiasme avec le : "vous allez y arriver"

Que nous disent-ils ?

Que ce n'est pas si simple, mais qu'avec de la méthode tout est possible !

Oui, oui et oui nous savons qu'il est important de noter... que nos attitudes et que nos comportements ne sont pas gravés dans la pierre. Que c'est possible !

Que l'on peut changer au fil du temps en fonction des expériences, des apprentissages et des interactions avec les autres.

Alors, on nous dit que nous avons le pouvoir de choisir nos attitudes et nos comportements et de les modifier si nous le souhaitons.

Et pourtant, il y a un « **MAIS** » !

Alors, on nous explique une énième fois, que c'est possible...

" Mais tu ne comprendrais pas, que si l'on veut y arriver... on y arrive ! "

D'ailleurs en voici un exemple : Cela faisait longtemps que Jojoba rêvait de gravir le Mont Blanc, le toit de l'Europe. Il est fasciné par sa beauté Majestueuse !

Il s'est juré d'atteindre son sommet un jour...

Après des mois d'entraînement et de préparation minutieuse, le jour "J" arrive. Un mélange d'excitation et d'appréhension l'envahit. Puis c'est le départ !

Les pentes raides et les sols rocailleux mettent à l'épreuve son physique et son mental. Mais à chaque pas, la vue devient de plus en plus époustouflante... et le pousse à continuer !

Après des heures d'efforts, il voit cette cime qu'il a tant convoitée, arriver sous ses pieds... C'est magique, il a fini par atteindre le sommet.

Il est là, debout sur le toit de l'Europe, contemplant un panorama à couper le souffle. Le ciel est d'un bleu limpide, les nuages ressemblent à du coton, et au loin, il distingue la mer Méditerranée.

Un sentiment d'accomplissement l'envahit, ses yeux se mouillent. Il savoure cet instant magique pendant un long moment, immortalisant la vue avec son appareil photo et gravant chaque détail dans sa mémoire.

Et alors ? Soit !

Encore une fois, l'histoire est belle et toute aussi vraie... mais moi... moi ???

Que puis-je faire de ce cliché d'Épinal ?

Que puis-je en faire avec mes ancrages et mes blocages aussi hauts que l'Everest ?

Comment un concept intellectuel comme la pensée ondulaire peut m'aider en quoi que ce soit ?

Lorsque je prends du recul et que je fais des ponts entre les différentes phases de ma vie, je découvre seulement des hiatus et des incohérences. Effectivement ces récits de réussite peuvent sembler appartenir à un autre monde...

Notamment quand, moi, je suis dans ma prison, emprisonné dans le carcan de ma situation actuelle !

À cet instant précis, entendre que nous pouvons enjamber les obstacles avec l'aisance du papillon, n'a aucun sens. Un sentiment d'impuissance nous envahit et alimente d'autant notre frustration et souvent la transforme en douleur.

Gardons ce scepticisme ! Qu'il est sain ce sentiment de rébellion contre la condition humaine, comme le disait Camus : "Être un rebelle, c'est être conscient de ses valeurs et de ses convictions".

Peut-il y avoir un cheminement personnel sans contester, sans avoir l'intention de contester le : "Maman a raison" !

Il est ce syndrome de l'obéissance qui nous fait accepter la pression sociale, celle qui impacte significativement nos comportements.

Pour Alain, le philosophe, penser, c'est dire non...

Ici, nous pourrons peut-être être d'accord.

Ce que nous croyons de la réussite est généralement construit de nombreuses images étrangères à notre univers.

Avec tous ces modèles de victoire diffusés insidieusement dans tout l'espace social, souvent nous construisons des ponts incohérents de mimétisme.

Un corpus faisant doxa, qui nous invite à croire à la téléportation... avec ces autres que l'on regarde se délecter de la victoire, en se disant qu'en faisant corps avec eux... c'est aussi la nôtre !

La réalité est différente, chacun est dans son univers. Ceux-là sont au point final d'un long chemin parcouru.

Malgré nos espérances, il n'y a aucun mimétisme possible !

Alors tous ces mentors et autres gourous peuvent bien aller se rhabiller. Puisqu'il est impossible d'être téléporté dans un ailleurs inconnu, d'ailleurs. !

Réussir est un parcours, ce n'est pas être au point final d'une destination, mais plutôt à l'aboutissement d'un beau voyage, d'un processus continu d'efforts, de défis et d'apprentissage.

Pour revenir à ce fameux : mais... « J'essaye, MAIS je n'y arrive pas ».

Nous ne méprisons pas ce sentiment, si inconfortable, de ne pas être ce que l'on aimerait être, bien au contraire. Nous aborderons longuement ce moment où nous nous sentons en décalage entre notre réel et nos espoirs.

Ainsi, nous traiterons plus tard ces sentiments d'inconfort et de tourments, s'ils ne se sont pas résorbés d'eux-mêmes, dilués dans les concepts que nous allons développer.

Avec la pensée ondulaire et ses allées et venues entre l'universel et le naturel nous permettent d'aller plus en avant et peut-être de trouver la façon de dissoudre nos difficultés.

Quant à Jojoba, au fur et à mesure que les minutes défilent et qu'il redescend du sommet...
Une sensation étrange s'empare de lui... Il avait tant rêvé de cet instant, et maintenant qu'il est accompli, il ne sait plus que faire.

Le défi est relevé, l'objectif est atteint, et ne lui reste plus qu'à redescendre.

Un sentiment de vide l'envahit !

Comme si tout son enthousiasme s'était évaporé en un instant. Bien que l'ascension du Mont Blanc restera gravée dans sa mémoire, et que Jojoba se souviendra à jamais de cette aventure extraordinaire.

Cette idée de gravir le Mont Blanc ne sera plus le rêve à réaliser.

L'achèvement d'un rêve est souvent différent de l'image que l'on s'en fait. Le bonheur ne réside pas uniquement dans la réalisation d'un objectif, mais dans le chemin parcouru et par les épreuves rencontrées en cours de route.

Le sage avait raison, le bonheur, c'est le chemin !

Le désir assouvi s'installe, l'ennui, Schopenhauer nous invite à y regarder de plus près. Il est étonnant de voir comment le manque nous remplit de désir. Et comment cette pulsion se transforme en un tic-tac d'horloge, passant de l'ennui s'il est assouvi, à de la frustration, s'il ne l'est pas.

La frustration enclenchant un phénomène de souffrance !

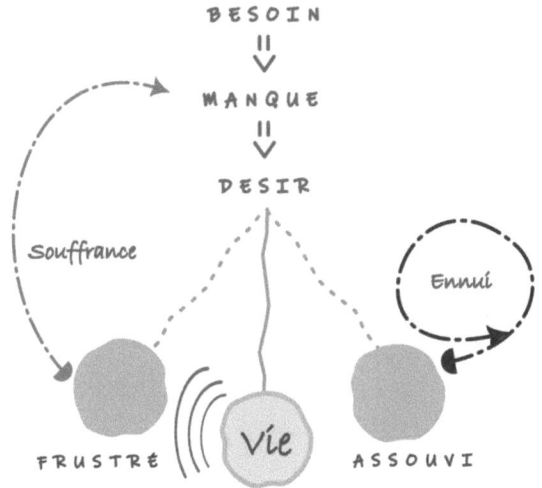

L'entièreté nous donne une vision haute pour observer la totalité de notre parcours...
Souvent nous traversons "tête dans le guidon", les tunnels et les barrières pour parvenir à assouvir notre désir...

Et là patatras...

Nous voilà revenu naturellement au départ, soit à l'ennui et cela dès la ligne d'arrivée franchie. Le désir assouvi s'installe l'ennui ! Chacun de nous a rencontré ce phénomène des milliers de fois.

Nous comprenons donc que quand tout se déroule au mieux, nous aboutissons naturellement à l'ennui ! Et l'ennui, il n'est pas sûr que l'inconscient en soit si friand.

Alors, parmi les difficultés à réaliser son rêve, nous découvrons ici que la puissance de l'inconscient peut le contrecarrer. Comme s'il était effrayé par la perspective de l'ennui, cet ennui conséquence de toute réussite.

L'inconscient peut, comme s'il voulait nous protéger de ce fameux moment de désœuvrement, nous faire trébucher !

Nous verrons plus en avant... comment proposer à cette partie de nous-même, dans la pièce d'à côté, l'assurance de continuer à fonctionner avec toute l'intensité espérée. Il s'agira de continuer à fonctionner après la réussite, en échappant à l'ennui.

Ainsi le tic-tac de Schopenhauer ne pourra plus venir nous effrayer.

La peur de l'ennui !

L'Entièreté

La Mer Montante

- Mille millions de mille sabords !
  Mais pourquoi est-elle si magique, cette mer montante ? "
  Pourrait nous dire le capitaine Haddock.

Parce que quand tout est bloqué... que tous les bateaux sont sur le flan, telles des épaves, tout doucement, la mer montante va petit à petit les redresser, puis les faire flotter pour leur permettre de reprendre leur navigation...
En quelques heures seulement, nous passons d'un univers désolant à un univers où tout devient envisageable.

L'expression "mer montante" est une métaphore utilisée par Grothendieck pour décrire sa technique de résolution de problèmes mathématiques.

Elle consiste à développer une théorie abstraite et générale qui englobe le problème spécifique à résoudre, de sorte que la solution découle naturellement d'une théorie plus large.

L'analogie de la mer montante peut être imaginée à partir d'une noix dans une assiette creuse. Comme elle est dure à casser, plutôt que de la frapper avec force, on décide de l'immerger dans de l'eau. Sa coquille va progressivement se ramollir, jusqu'à ce qu'elle devienne flexible et que la noix se défasse.

Cette approche intellectuelle consiste à procéder à une accumulation de connaissances, de principes et concepts, qui peu à peu théorisent et permettent de résoudre le problème en le mettant dans un contexte plus large.

La problématique est mise dans un cadre théorique plus vaste et plus profond, jusqu'à ce que sa solution devienne triviale ou évidente.

En résolution de problème, l'abstraction et la généralité sont des outils puissants, ils nous amènent à l'universel. L'analogie de la "mer montante" peut être illustrée par l'histoire des nombres.

Les humains ont commencé par compter les objets qu'ils avaient entre leurs mains : un arbre, deux pierres, etc. Ces nombres sont le domaine des entiers. C'est l'ensemble des entiers naturels (0, 1, 2, 3, ...), notre première approche numérique.

La notion de mer montante peut être visualisée comme l'extension progressive de notre compréhension de ce qu'est un nombre.

Ensuite il y a eu une montée des eaux, vers les entiers relatifs. Cette première marée est due à la notion de dette ou à l'idée d'un déplacement en sens inverse. Cela a nécessité l'introduction des entiers relatifs (-3, -2, -1, 0, 1, 2, 3, ...).

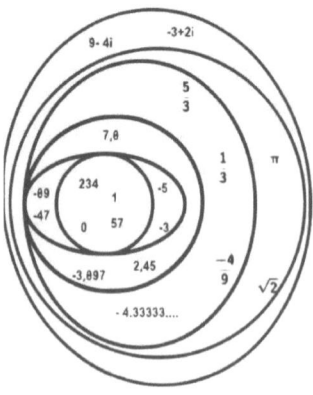

Ainsi le niveau est monté, englobant la situation initiale et créant une nouvelle vision plus grande, par marées successives menant vers les nombres rationnels, réels et complexes.

Avec les fractions, nous avons exprimé des variations de quantités, une demi-pomme, trois quarts d'heure, et nous avons ainsi introduit les nombres rationnels.

Puis, nous avons calculé des longueurs comme la diagonale d'un carré. Ces distances ne pouvant pas s'exprimer par des fractions, cela nous a conduit à la découverte des nombres irrationnels ($\sqrt{2}$, π, ...).

Chaque nouvelle extension est comme une nouvelle marée qui englobe le concept précédent, créant un ensemble de nombres plus vaste et plus riche.

L'histoire des nombres est une histoire d'élargissements successifs, où chaque découverte nous permet de voir plus loin et de résoudre des problèmes plus complexes.

Cette progression s'effectue avec des abstractions toujours plus prolixes et englobantes la notion précédente, illustrant bien la métaphore de la mer montante, où chaque marée révèle de nouveaux horizons mathématiques.

Avec ce concept, nous pouvons non seulement résoudre des problèmes spécifiques, mais aussi créer de nouvelles perspectives, pour aborder une large gamme d'autres questions.

Dans l'illustration qui va suivre, la méthode de la mer montante traite d'une douleur psychologique qui peut conduire au burn-out.

Lolajola, une jeune femme d'une trentaine d'années, consulte depuis quelques mois pour des crises d'angoisse à répétition qui l'empêchent de vivre sereinement. Lors de cette séance, Lolajola évoque une nouvelle crise survenue la veille.

Alors qu'elle se rendait à un rendez-vous important, elle a soudainement été prise de panique, son cœur s'est emballé et elle a eu des difficultés à respirer. Elle a dû s'arrêter au bord de la route et attendre que la crise passe avant de pouvoir continuer son chemin.

Son thérapeute, Tourja l'écoute attentivement et lui pose des questions afin de déterminer les circonstances de la crise et les émotions qu'elle a ressenties. Lolajola exprime sa peur de l'échec, son sentiment d'incompétence et sa crainte d'être jugée par les autres.

Elle a le sentiment d'être débordée et l'impression de perdre pied.
Son rythme de travail, plus effréné et intense que jamais, l'inonde d'un déluge de réunions et de notifications incessantes, lui demandant de respecter des délais de plus en plus serrés.

Difficile de faire abstraction de toute cette agitation et de se concentrer sur ce qui compte vraiment. Lorsque sa charge de travail devient source de stress, elle se retrouve à deux doigts de boire la tasse.

Tourja lui propose la méthode de la mer montante.
L'idée est d'aborder la problématique avec de multiples outils et thérapies.
Avant de traiter les causes profondes des paniques qui sont déclenchées par son système de défense, il lui propose une première approche pour améliorer l'organisation de son temps.

Selon la méthode des petits pas, ce concept qui

la matrice de priorisation

	Très Important	Peu Important
Très Urgent	Faire	Déléguer
Peu Urgent	Planifier	Eliminer

consiste à bonifier par de petites avancées ses actes, soit son savoir-faire, Il lui propose d'utiliser la matrice de priorisation.

Cet outil de gestion du temps aide à prioriser les tâches en les classant selon deux critères : l'urgence et l'importance.

Comment ça marche ?

Tout d'abord, faire une liste de toutes les tâches à faire pour commencer à s'entraîner...
Prendre quelques-unes des tâches de la liste et les classifier selon la matrice. Ensuite construire la matrice, puis décider où placer chaque tâche. Il s'agit de prioriser chaque action en les mettant dans le quadrant correspondant.

À partir de cette notion simple comme urgent et important, tout paraît plus clair. Cette gestion du temps est un excellent moyen de structurer son temps et de se concentrer sur ce qui compte vraiment.

Tourja ensuite, lui propose de construire la même matrice pour les tâches qui arrivent la semaine prochaine. Lolajola prend conscience de sa charge de travail... des impossibilités dans lesquelles, elle s'est enfermée et aussi des grandiosités qu'elle s'est imaginée, telles des montagnes accouchant d'une souris.

Cette classification lui donne une vision plus claire de son travail et un contrôle sur son emploi du temps.
Au cours d'autres séances, il lui propose une abstraction plus large encore sur son organisation des tâches, avec la loi de Pareto.
La méthode est une règle empirique qui suggère que 80 % des résultats proviennent de 20 % des efforts. Ce principe s'est révélé dans divers domaines,

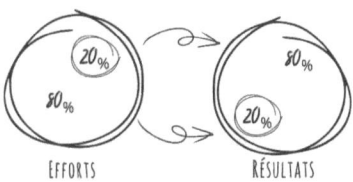

EFFORTS   RÉSULTATS

notamment en productivité et aussi dans les affaires.

En se concentrant sur les 20 % des tâches qui génèrent 80 % des résultats, nous augmentons notre efficacité... toutes les tâches ne sont pas d'égale importance. Identifier les tâches clés peut résoudre la majorité des problèmes.

À partir de l'analyse des tâches, nous repérerons les efforts qui produisent les résultats les plus significatifs. Pour cela, nous devrons suivre nos activités pendant une période plus ou moins longue. Une fois les tâches les moins productives identifiées, recherchons les moyens de les réduire, de les déléguer ou même de les éliminer.

Cette approche consiste à maximiser les 20 % d'activité les plus efficaces. Comme le contexte et les priorités peuvent évoluer, il est important de réévaluer régulièrement quelles sont les tâches et activités qui apportent le plus de valeur.

Lors de ses premiers conseils, Tourja avait proposé de travailler sur ses actes, il s'agissait d'améliorer son savoir-faire avec l'idée de la mer montante. Il lui avait proposé l'utilisation de concepts de plus en plus grands, par rapport à sa problématique de gestion du temps qui lui déclenchait les crises de paniques.

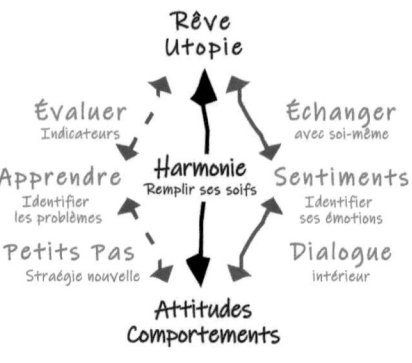

Maintenant, il l'aide à se concentrer sur ses sentiments et ses émotions... Il s'agira de passer sur le second canal et qu'elle travaille sur ce qui l'empêche d'avoir les bonnes attitudes pour se donner de l'air.

Il va l'aider quant à sa difficulté à modifier ses comportements et son savoir-être.

Dans le fil du processus "mer montante" il lui propose maintenant de faire un exercice de visualisation.

Il lui demande de se remémorer un moment précis de son enfance où elle a ressenti une angoisse similaire. Lolajola ferme les yeux et se concentre...

Elle se revoit à l'école primaire... lors d'un exposé oral devant toute la classe. Elle se souvient de sa peur panique, de sa voix tremblante et de son visage rouge. Elle n'a jamais pu terminer son exposé et a été humiliée devant ses camarades."
Lolajola est émue, et réalise que cette expérience traumatisante l'a marquée et qu'elle est toujours présente.

Ce blocage jusque-là inconscient se réactive à chaque fois qu'elle se retrouve dans une situation où elle a peur d'être jugée ou d'échouer.

Le thérapeute lui propose à présent un programme avec différentes techniques pour identifier ses émotions avec des angles différents. Il s'agit de multiplier les observations afin d'observer les stimuli déclenchant les paniques par de nouvelles approches de son mode émotionnel...

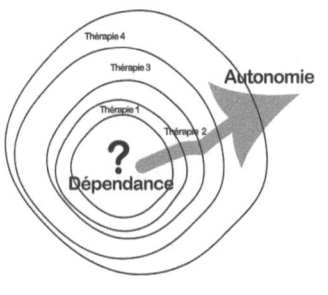

L'objet est de dépasser son blocage par une plus grande prise de conscience des réactions et des causes en amont. Plus elle parviendra à se sentir autonome, plus elle aura confiance en elle et sera convaincue de pouvoir faire face à ses tâches...

L'autonomie est cette capacité d'action, cette responsabilité d'agir sans l'obligation d'obéissance à d'autres, l'autonomie est cette aptitude à ne pas accepter de se soumettre jusqu'à la panique.

Elle nous affranchit de la dépendance et nous éclaire !

Lolajola explore en profondeur son blocage, avec tour à tour des thérapies systémiques, humanistes, alternatives et corporelles.

Elle tente d'identifier les situations qui déclenchent le symptôme.

Son thérapeute lui propose de découvrir l'EMDR, une thérapie basée sur les mouvements oculaires qui aident à traiter les traumatismes et les souvenirs plus douloureux...

Elle teste, une thérapie axée sur l'identification et la modification des schémas de pensées et des comportements négatifs.

Elle expérimente les bienfaits de la thérapie systémique. Elle découvre aussi la force de l'exploration des conflits et des schémas inconscients contribuant à l'anxiété.

Sur sa lancée, elle suit les conseils d'une amie qui lui propose de tester l'art-thérapie. Elle utilise ainsi l'expression artistique pour explorer ses émotions, ses expériences et les circuits difficiles à verbaliser.

Dans d'autres séances avec Tourja, elle pratique la pleine conscience, celle qui cultive l'acceptation du moment présent. Il l'aide ainsi à identifier la source de son réflexe émotionnel. Elle construit au fur et à mesure des libérations, un savoir-être face à ses peurs paniques.

Elle apprend à se déculpabiliser et comprend que sa réponse émotionnelle est un mécanisme de défense machinal mis en place par son inconscient pour la protéger de la douleur.

Grâce à la technique de la mer montante appliquée à l'aspect émotionnel, elle découvre la force de la globalisation et celle des abstractions dans l'identification des causes.

Bien entendu, le mode instinctif est réactionnel, il est

profondément ancré au fond de notre psyché... il a en charge notre survie !

Pendant que le conscient gère difficilement 5 informations à la fois, l'inconscient en gère 11 millions. Le traitement des causes au fond de notre psyché ne passe pas par le cerveau d'en haut... il faut s'adresser à celui du ventre.

L'ensemble de l'aspect irrationnel n'est pas aussi évident à percevoir que le sont les informations factuelles. L'immersion au centre de nos réflexes instinctifs, pour désactiver les ancrages négatifs, n'est pas du même registre que le traitement des croyances.

Quand nous parvenons à poser les bonnes clés sur les émotions, alors... soudain la problématique se dissolve, comme par miracle.

Le circuit émotionnel est rapide, c'est son objet !

Il s'agit de trouver la source à l'œuvre, qui stimulée enclenche la réponse émotionnelle automatique, pour que le désancrage opère !

L'esprit, lui, ne peut pas avoir d'influence à ce moment-là. Le mécanisme instinctif va toujours au bout de sa réponse. Donc pour traiter la chose, il faut travailler bien en amont sur les causes qui déclenchent l'émotion afin de pouvoir déclencher des réactions différentes à une même situation.

Lolajola, au fil des séances, se sent soulagée.
Elle est pleine d'espoir quant à la suite de son travail personnel. Elle sait bien que le "travail en ville" sur son blocage va lui permettre de vivre une vie plus sereine.

Chaque jour, elle avance vers un réglage de plus en plus harmonieux entre ces actes et son être.

Pour qu'une utopie ou un rêve se réalise, il est nécessaire de nous ajuster avec nous-mêmes, comme si nous accordions une corde de guitare. Cette recherche de la concordance, et nous l'avons vu au travers de ces exemples, nécessite différentes approches pour parvenir à la note juste afin que l'harmonie opère.

Évidemment, il est plus facile de mettre notre rêve en adéquation avec notre comportement, mais il en va d'une tout autre mayonnaise de nous régler à l'inverse... soit changer nos attitudes pour parvenir à notre utopie.

Notre tendance naturelle est de revenir à ces instants des premières heures, ces moments de toute-puissance... du bébé.

Malheureusement, c'est un leurre !

C'est au sein même de la complexité, fort des réglages nécessaires pour parvenir à l'harmonie, que nous pourrons produire notre "je peux".

Nous ne pouvons réussir qu'avec un état intérieur ajusté à l'unisson entre l'envie et le comportement.

Nous l'aurons compris, le concept de la mer montante peut nous y aider en submergeant par étape d'abstraction en abstraction la problématique afin de la diluer ou tout au moins de l'adoucir.

L'Entièreté

Frustration => Souffrance

La frustration produit, en général, une intensité supplémentaire qui vient alimenter le manque et qui déclenche un surcroît d'énergie au « je veux ».

Voici une scène quotidienne :

La bande de lycéens s'est donnée un rendez-vous hier soir : « Tous au parc, demain matin... ». Ils souhaitent organiser leur jeu favori : "cache-cache" avant de reprendre la révision des textes du bac blanc de français. En ce matin de fin janvier, le soleil éclaire timidement le parc, sa lumière se reflète à peine sur le glacé des branches givrées.

Mais un à un, ils arrivent et la bande se forme au fur et à mesure dans un coin du square. Il faut dire que l'organisatrice en chef... C'est Lolajola, la petite blonde pétillante et pleine d'esprit. Elle est déjà impatiente de commencer leur partie de pas vu, pas pris !

Et tout de go, elle lance : "C'est moi qui compte !" en pointant du doigt chacun. "Un, deux, trois... partez !"

Tels des lapins poursuivis par un chat, les novices se dispersèrent dans tous les sens, se faufilant entre les arbres, se cachant derrière les haies et grimpant même sur les branches basses.

Lolajola choisit un endroit original, l'intérieur d'un buisson au milieu de l'espace. Ce genre de buisson aux feuilles persistantes, vertes quelle que soit la saison. De sa cachette, elle observe tous ces jeunes éphèbes à travers la canopée, attendant patiemment qu'ils se rapprochent.

Elle aperçoit d'abord Jojoba, le grand brun timide, qui se faufile derrière une statue, puis son amie Folaloba, la rousse espiègle, qui se glisse sous la haie telle une souris dans son repaire.

Soudain, un bruit de feuilles froissées la fait sursauter. Elle retient son souffle en apercevant Tourja, le beau gosse du groupe. Il se dirige droit vers sa planque. Son cœur bat la chamade. Va-t-il la découvrir ?

Hum hum... Contournant les arbrisseaux, Tourja s'approche de plus en plus. Elle se fige, priant pour qu'il ne regarde pas à l'intérieur du bosqueton. Mais à sa grande surprise, il s'assoit à ses pieds en lui tournant le dos, à quelques pas de sa cache.

La malicieuse sourit. C'est l'occasion rêvée de lui jouer un tour. Elle ouvre doucement le feuillage, se glisse derrière lui, prenant soin de ne pas faire de bruit.

Elle est si proche qu'il pourrait sentir son parfum. Et hop ! Elle pose ses mains sur ses épaules et lui murmure à l'oreille : "Coucou !"

Tourja sursaute en se retournant brusquement. Ils sont face à face, leurs visages sont si proches qu'ils respirent le même air. Ses yeux bleus sont écarquillés de surprise, il dessine sur ses lèvres un sourire timide.

"C'est toi !" s'exclama-t-il de sa voix rauque, cette voix fracassée qu'ont les jeunes garçons en pleine mue. Elle rougit légèrement. "Tu ne m'as pas trouvée !", lance-t-elle triomphante.

Tourja la regarde dans les yeux, d'un regard tendre et amusé. "Je t'ai cherchée partout...", dit-il, dans sa barbe naissante.

Elle se sent troublée par son regard. Lolajola détourne les yeux brièvement... puis le fixe à nouveau. "Peut-être que tu ne me cherchais pas assez bien" répondit-elle, un brin coquine.

Tourja sourit à nouveau, d'un sourire qui fait chavirer les cœurs. Il se penche légèrement vers elle et effleure ses lèvres. Le baiser est fugace, mais suffit à faire exploser dans sa poitrine un feu d'artifice d'émotions.

Elle se sent plus heureuse que jamais... Le parc, qui était... il y a seulement quelques instants un simple terrain de jeu, est devenu le cadre d'un moment magique qu'elle n'oubliera jamais.

Le reste de la partie de cache-cache passe comme un rêve. Lolajola et Tourja sont ensemble... tout près l'un de l'autre.

Ils partagent des rires et des regards complices au milieu de tous les autres. Ils savent tous les deux que ce jeu innocent est le début de quelque chose de spécial.

Le cœur en vrac, la gorge serrée, Jojoba observe la scène, assis sur un banc... Il est écœuré, dégoûté !

Pendant qu'elle vit son instant magique intensément, totalement inconsciente du regard amoureux qu'il porte sur elle. Elle est dans son instant de bonheur... elle ignore tout l'environnement... elle en aurait eu vent, qu'elle en aurait eu cure !

Jojoba, lui, se ronge les sangs, il est tellement hypnotisé par ses longs cheveux blonds, qui encadrent son joli minois, son visage délicat aux yeux bleus perçants. Il la connaît bien, elle est dans sa classe, mais il n'a jamais osé vraiment lui parler.

Il est timide et réservé, se sent intimidé par son allure et sa prestance. Elle est solaire !

Chaque jour, il l'observe de loin, rêvant de lui parler, de la faire rire, de la connaître. Mais les mots restent bloqués dans sa gorge, paralysés par la peur du rejet.

Mais là, après la scène qu'il vient d'observer... Il peut tout abandonner... C'est foutu... il est trop tard ! Elle vient de se donner à un autre, corps et âme... et tout cela devant ses yeux.

Il y a quelque temps, il avait bien tenté quelque chose... essayé...

Un jour, il prit son courage à deux mains et se dirigea vers elle. Son thorax se soulevant au rythme de sa respiration, l'humidité recouvrant ses mains et ses jambes bégayant sa démarche.

Plus il s'approchait d'elle, plus la peur le submergeait. Il se sentait ridicule, maladroit, incapable de formuler une seule phrase cohérente. Il avançait tel un robot... et... hop !

Finalement, il n'osa pas. Il détourna le regard et s'éloigna, le cœur lourd de déception et de regret. Depuis, le désir inhibé de Jojoba reste enfoui en lui, comme un secret qu'il ne partagera jamais.

Le groupe de copains devient un brouhaha lointain, il n'est plus avec eux, mais si loin dans ses pensées... Il continue de l'observer, son cœur noyé dans ses frustrations... Elle est si belle, la Naïade.

Dans sa souffrance, il admire sa beauté en silence, rêvant du jour où il trouverait le courage de lui parler et de briser les barrières de sa timidité.

Peut-être !

Dans une caricature de lui-même, il se compare à ce singe des mangroves, qu'il a vu dans un reportage animalier. Ce petit singe au grand nez qui ne se bat jamais, l'espèce ayant conscience que la chute serait fatale. Les crocodiles étant à l'affût, embusqués dans les racines des mêmes arbres que les belligérants se disputent.

L'affrontement se déroule selon un rituel cocasse...

Chaque singe nasique faisant la grimace la plus laide pour impressionner l'autre. La plus effrayante terrasse le moral de l'adversaire, et scelle la victoire du champion. C'est alors qu'il rejoint le haut de la canopée du plus bel arbre et sur une des plus hautes branches, il accomplit son devoir de mâle vainqueur...

Toutes les femelles du groupe attendant leur tour pour recevoir leur part de semence.

Il se compare à ce tocard... À celui-là même qui a eu peur de la grimace des autres !

Jojoba souffre en silence, maintenant que la douleur est intense... Il se répète au fond de son crâne que cette Lolajola... il l'aime vraiment !

La frustration devient souffrance lorsqu'elle atteint un niveau d'intensité et de persistance qui dépasse la capacité de l'individu à la gérer. Cela peut se manifester par une variété de symptômes émotionnels, physiques et comportementaux, tels que les émotions de tristesse, de colère, de rage, d'impuissance, de désespoir, de honte ou de culpabilité.

Plusieurs facteurs contribuent à sa transformation en tourment.

Notamment avec la montée en intensité par la durée, la frustration prend une autre forme beaucoup plus douloureuse. Elle devient de la souffrance, et plus elle est intense, plus son mordant est cuisant.

Le sentiment de ne pas avoir de contrôle sur la situation augmente l'intensité de la douleur. Le manque de soutien social contribue aussi à augmenter brutalement la frustration et à alimenter le déchirement.

Quand une telle acidité coule dans nos veines, il est important de comprendre nos sentiments et nos affects et de développer des mécanismes d'adaptation pour tenter de trouver des solutions à nos problèmes. Notamment, en recherchant les éléments qui engendrent la cause de la problématique.

En quoi la pensée ondulaire peut-elle nous aider ?

Elle nous fait quitter le mode émotionnel centré sur le détail pour observer à la fois la problématique et son contexte... l'élément et son milieu, et nous donne ainsi l'accès au cœur de la problématique.

En observant la totalité de l'environnement, les unités du décor et la complexité de leurs interactions avec le sujet qui nous préoccupe, nous découvrons de facto d'autres causes.

Observer en position haute nous aide à quitter le mode émotionnel, ce mode construit de réactions et d'instincts.

Cela nous ouvre à de nouvelles pistes et à d'autres sources de la problématique, en identifiant avec de la hauteur les liens des différents éléments du milieu... et nous enrichit de données nouvelles essentielles à la solution.

Ainsi, nous sommes en chemin...

Avec cette façon de penser, par ce va-et-vient instantané entre les éléments et leurs arrière-plans, nous commençons à percevoir des complexités jusque-là ignorées.

Nous prenons conscience des ramifications de la problématique. Il s'agit d'un premier palier vers la résolution de nos difficultés.

À ce moment de la promenade dans la psyché, nous retiendrons que l'enchaînement frustration => souffrance se produit naturellement dans une certaine continuité par seulement la montée de l'intensité du phénomène.

Alors tout aussi naturellement, notre être réagira par des contre-feux palliatifs à la douleur, créant ainsi d'autres problématiques...

Tout se passe comme si l'inconscient, torturé par l'intensité douloureuse générée par les choix du conscient, n'avait d'autres solutions que renvoyer le paquet des difficultés à l'expéditeur, soit au conscient.

En somme, la frustration est douloureuse, mais elle est aussi souvent le moteur de nos projets !

Ayons un peu de mansuétude avec elle, pour bien l'accueillir !

L'Entièreté

La Propriété Émergente

L'Entièreté

La Propriété Émergente

L'odeur de mousse et de bois décomposé envahit l'espace, l'air est frais et humide, et les feuilles craquent sous les pas.

Oh ! Un petit chapeau rond se pousse du menton... au beau milieu des couleurs d'automne. Il se dresse fièrement derrière les brindilles de fougères. C'est un cèpe !

Il y a quatre heures à peine... Il n'était pas là ! Comme il est beau d'être en face à face avec l'émergence soudaine !

Depuis le début de notre périple au cœur de notre esprit, nous essayons d'observer les choses différemment, afin de trouver de nouveaux dénouements.

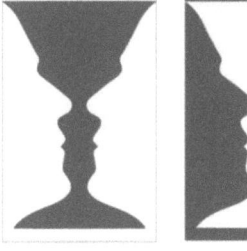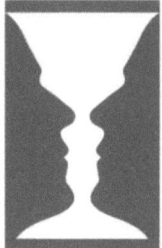

En inversant les couleurs

Et pour autant... rien de ce que nous abordons, n'est facile à mettre en œuvre.

En gardant à l'esprit notre méthode de cogiter, nous allons aborder l'environnement sans se dépareiller de notre angélisme.

Les visages surgissents

Nous avons tous en tête, ces moments inattendus, pleins de surprises... bonnes ou mauvaises d'ailleurs !

Ce moment spécial...

Ce moment, nous l'appellerons la propriété émergente.
Elle est cette qualité nouvelle qui surgit brusquement d'un ensemble plus ou moins complexe.

Elle n'est pas présente dans les éléments constitutifs du départ, mais elle découle des interactions et de l'organisation des différentes parties d'un système.

En somme, la propriété émergente est une brusque vertu inattendue... tout comme un hirsute défaut inopiné.

Elle apparaît lorsqu'un certain nombre d'entités interagissent entre elles. Elle nous parait imprévisible, mais l'est-elle vraiment ?

Prenons un système quelconque et faisons-le fonctionner de plus en plus, à partir d'un certain pourcentage de son potentiel... c'est la chute !
Une rupture dans l'utilisation de ses ressources se produit... Paf !

Alors qu'il était jusque-là de plus en plus performant, soudain la propriété émergente surgit : le système s'effondre.

Si un ordinateur est utilisé à un certain niveau de ses ressources, il perd son efficacité. La performance de la machine ne sera jamais à 100%. Il en est de même pour la circulation des véhicules, l'effet d'accordéon d'une voie d'autoroute surgit soudainement lors d'un retour de vacances chargé.

Il arrive que la propriété émergente puisse être prédite à partir des propriétés des éléments de base, mais elle donne souvent lieu à des comportements élaborés, surprenants et imprévus.

Voici un exemple avec la matière : eau.
L'eau, en éléments de base, est composée d'atomes d'oxygène et d'hydrogène.

Ils sont agencés ainsi : HOH formant une "Tête à Mickey", les deux hydrogènes font les deux oreilles sur l'atome d'oxygène.

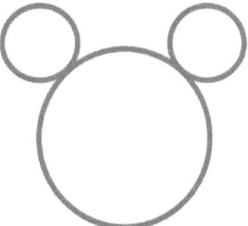

Non que la "Tête à Mickey" soit plus brillante qu'une autre. Mais une telle configuration produit un grand nombre de propriétés. Ces formes instables glissent entre elles et produisent des choses nouvelles.

L'eau a la capacité de dissoudre ou de bouillir et de s'évaporer... de laisser passer la lumière à travers son volume ou de devenir un brouillard épais. Elle est à la fois très fluide, tout en étant liée par la tension de surface, chaque molécule tirant sa voisine par la manche, si propice au siphon.

En fonction de la température, les molécules fluides entre elles produisent de nouvelles combinaisons. Cette morphologie structurelle lui permet aussi de cristalliser, voire d'avoir de la mémoire.

Nous aurions pu développer d'autres situations aux propriétés émergentes, telles que la conscience ou l'intelligence. Ni l'une ni l'autre ne sont dans aucun des neurones du cerveau, mais elles se produisent en surgissant par l'interaction complexe de l'ensemble des synapses, de l'ensemble des connexions neuronales.

Cette surgescence se produit aussi chez les fourmis. Elles sont capables de construire des colonies complexes et de se comporter de manière coordonnée. Ainsi des qualités nouvelles émergent de la colonie et de l'interaction entre les fourmis.

Nous avons tous en tête ces belles surprises au détour d'un chemin ou d'un raisonnement, ces moments où les propriétés émergentes nous surprennent.

En voici une description :

Jojoba est assis à son bureau, le regard fixé sur l'invitation à la réunion. Il soupire, se prend la tête dans les mains... Il souffle à nouveau ! Il se tire les cheveux, recule sa chaise. Cette réunion, il la redoute depuis des jours.

Le sujet ? Tu parles : « La nouvelle stratégie marketing de l'entreprise ». Il s'en fout...
Jojoba, responsable créatif depuis cinq ans, est reconnu pour son originalité et son audace. Mais, ces derniers temps, il a l'impression de tourner en rond, ses idées manquent de souffle. La perspective de présenter ses dernières propositions le remplit d'une anxiété paralysante.

Alors qu'il a passé des heures à peaufiner sa présentation, à assembler les chiffres et les graphiques, à rédiger des argumentaires pertinents... plus il revoit son travail, plus il en doute.

Ses idées lui semblent banales, sans saveur, vouées à l'échec. Penser que ses collègues le fixeront avec des regards interrogateurs, voire moqueurs, le tétanise.

Il imagine leurs commentaires acerbes, leurs critiques cinglantes, leur déception face à son manque d'inspiration.

L'angoisse monte en lui, l'empêche de se concentrer. Il se sent incapable de quitter son bureau, de se confronter à l'épreuve qui l'attend. L'envie de fuir, d'annuler, de disparaître le submerge.

Il sait qu'il ne peut pas se soustraire à ses obligations, il doit être présent à cette réunion, il est le responsable créatif de l'entreprise.

En prenant une grande inspiration, il se force à se lever de sa chaise.

Puis, il se regarde dans le miroir accroché au mur du couloir, et se dit à voix basse : "Tu peux le faire, Jojoba.. Sois confiant...

Montre-leur de quoi tu es capable."

Soudain, d'un pas déterminé, il se dirige vers la salle de réunion, prêt à affronter ses démons et à défendre ses idées.

La réunion commence.

Jojoba présente ses propositions avec une voix tremblante, évitant le regard de ses collègues. Il pense percevoir leur scepticisme et leur désapprobation.

Il tente de se faire violence et de mettre de l'allant à son discours...

À sa grande surprise, les réactions ne sont pas celles qu'il avait tant redoutées. Ses collègues posent des questions et engagent un débat constructif sur ses projets. Loin de le critiquer, ils lui demandent de développer ses propositions... la parole se libère, chacun explorant de nouvelles pistes.

Le regard de la direction, qu'il avait imaginé glacial et réprobateur, se révèle attentif et bienveillant.

S'instaure un ping-pong verbal autour de la table en bois massif... puis les visages des participants deviennent interrogatifs. Les solutions évoquées permettraient-elles vraiment d'augmenter les ventes ?

Doucement, l'enthousiasme se délite, chacun commençant à entrevoir la fragilité des concepts. Et là soudain, une petite voix timide, balbutie. La voix de Folaloba, la stagiaire que personne n'avait réellement écoutée jusque-là.
Elle se lance... de toute façon, son stage touche à sa fin.

"Et si on essayait de...", propose-t-elle, hésitante "de s'adresser à ce public de manière totalement différente ?"

Un murmure se propage de chaise en chaise.

L'idée est farfelue, voire absurde.

Mais Folaloba développe son argumentaire avec passion. Elle explique que les approches exposées jusque-là, avec quelques modifications mineures, pourraient répondre aux besoins d'une attente des clients pas encore évoquée.

Au début, la tablée est sceptique. Mais peu à peu, l'idée fait son chemin. Tous réfléchissent ensemble et explorent les possibilités de cette vision des choses.

Alors, Jojoba reprend le manche dans un enthousiasme renouvelé. Il repense ses idées à la volée, son contenu n'a besoin que de quelques modifications.

Il s'agit seulement de l'adapter à ce nouvel angle d'approche.

Il reprend les différentes actions marketing qu'il avait envisagées et leur apporte le supplément d'âme qui leur manquait. À la fin de son exposé, il reçoit un succès unanime et inattendu.

Folaloba, la stagiaire timide, lui a sauvé la mise grâce à sa pensée créative et à son audace.

Ici, la propriété émerge en une bonne surprise. Dans nombre de circonstances, les meilleures idées surgissent de nulle part au cours d'une collaboration créative.

Soudain, l'environnement devient propice à l'échange d'idées et... Oh surprise ! L'idée nouvelle et révolutionnaire surgit du néant !

Cette stupéfaction au détour d'un parcours, à la vue d'un champignon, à la fin d'une circonvolution, c'est la propriété émergente !
L'émergence est un phénomène clé dans les milieux complexes, où les propriétés et les comportements de niveau supérieur naissent de l'interaction de nombreuses entités individuelles plus

simples.

L'analogie de l'essaim des sansonnets chassés, au crépuscule, par un rapace, en est un bon exemple.

Chaque oiseau suit des règles simples de mouvement et d'interaction avec ses voisins.

Mais ensemble, ils créent des formes et des mouvements gracieux et complexes que l'on ne peut pas prédire en observant un seul oiseau.

Illustrerons-le différemment !

Reprenons la caisse de Saint Ex, celle dans laquelle il y avait le mouton du Petit Prince. Nous allons la démonter, la scier pour en faire un autre usage.

On fait de la récup !

Le découpage terminé.

Voici nos planches coloriées et identifiées...

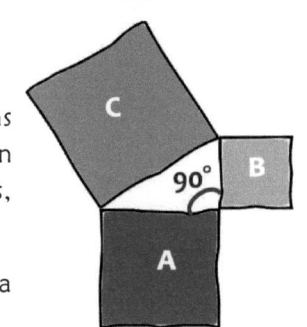

Pour bien comprendre, nous les avons taillées afin de les assembler de telle façon qu'il y ait un angle droit entre elles, comme sur la figure.

Et là, comme par magie, nous avons la surface de C qui la somme A plus B...
Soit C = A+B.

Oh, surprise, la somme des deux est exactement la surface du troisième...

Pourquoi est-ce si surprenant ?

Parce que la propriété émergente apparaît, uniquement si c'est seulement un angle droit.

S'il est à 89° ou 91° la propriété n'apparaît pas... Alors l'égalité n'est pas vraie !

Certains auront reconnu le théorème de Pythagore : $a^2 + b^2 = c^2$

L'émerveillement, ici, est que les caractéristiques surgissent comme un beau diable à 90 degrés, changeant l'ordre des choses avec vivacité et éclat.

Cette brusque apparition formidable fait irruption et transforme le contexte en un autre environnement.

Cette rupture d'état intriguait déjà les premiers penseurs de la Grèce antique. Pour Héraclite, le penseur d'Éphèse, cette résurgence des choses ne pouvait être dictée que par la foudre !

Il enseignait : « c'est la foudre qui nous gouverne ! ». Chacun a en tête ces moments bascules, où les planètes s'alignent et nous sommes souvent surpris par la situation nouvelle.

Pour les sceptiques, il en faudra bien plus...

Mais nous y reviendrons !

Découvrons un autre aspect de cette caractéristique grumelée de l'aléa.

Cette fois-ci, c'est le mouton de Saint-Ex que nous reprendrons.

Et tel un bon berger, nous allons les compter...

1 mouton 2 moutons 3 4 5... 6...

Et là encore... alors que l'on observe que 6 est divisible par 2 et par 3 comme s'il était malléable, souple, partageable...

On ajoute 1 mouton, 6 plus 1 devient 7.

Et là ! Magie ! Sept est indivisible...

La propriété " nombre premier " émerge !

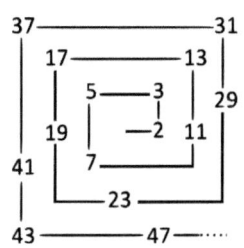

Telle la foudre, la propriété émergente apparaît soudainement du néant !

Plus surprenant encore, et pour mieux intégrer cette idée de propriété émergente, prenons un compas... Ouvrons-le de manière à ce qu'il soit à 90 degrés et exprimons la distance entre les deux pointes en données universelles.

Alors quoi de plus universel que de l'exprimer en branche de compas !

a = 1 branche de compas

b = 1 branche de compas

Nous savons pour l'avoir démontré un peu plus haut que $a^2 + b^2 = c^2$

Soit $a^2 + b^2 = c^2$ => $1^2 + 1^2 = 2$

Donc C = $\sqrt{2}$... Soit 1,414∞ en branche de compas.

Mais 1,414∞ c'est l'infini... l'infiniment petit !

Nous avons pris un compas, nous l'avons ouvert à 90° et surgit devant nos yeux l'infini !

Oui, c'est l'infiniment petit... mais c'est l'infini quand même !

Telle la foudre...

L'infiniment petit émerge !

À cet instant du raisonnement, nous pouvons dire que la propriété émergente existe dans toutes les dimensions de notre environnement.

Elle est un croisement entre les éléments présents qui génère de façon inattendue des propriétés nouvelles sous une forme surgissante.

Certains nous diront qu'avec ce petit stratagème, nous venons de décrire la providence !

Peut-être, mais nous savons combien elle est d'importance pour notre scénario de vie... L'aléa s'invite sans crier gare pour le meilleur et pour le pire. Au point que l'on peut dire, comme Héraclite, que c'est la foudre qui nous gouverne...

L'idée ici, est d'observer autrement notre environnement, à savoir qu'il existe un peu partout des propriétés latentes, prêtes à émerger.

Nous commençons à envisager qu'il est possible, avec une autre démarche, d'aborder notre situation... avec une vision métissée d'universel et de naturel, de trouver de nouvelles pistes.

En multipliant les angles de vue avec la pensée ondulaire par la simplicité et la complexité qu'elle utilise en même temps, surgissent de nouveaux étonnements. Et là comme par magie, il y a de brusques apparitions, qui spontanément émergent du néant.

Elles illustrent la manière dont les systèmes complexes peuvent engendrer des résultats surprenants et imprévisibles.

Nous l'avons vu avec l'ordinateur, avec l'autoroute, avec l'eau, avec l'intelligence des fourmis, avec la réunion marketing, avec les sansonnets au crépuscule... Telle la foudre, la propriété émergente surgit dans de nombreux endroits de notre biotope.

La totalité de notre environnement est parsemée de ces moments propices à notre réalisation. Ils sont répartis aléatoirement dans tout l'espace de notre potentiel, tout autour de nous.

Comme nous venons de le voir aussi avec l'angle droit et le

compas, les conditions favorables ne se sont pas encore exprimées, mais elles sont là en réserves. Et pourtant il est tout à fait possible, avec la tête baissée ou le nez contre la vitre, de rater ces belles opportunités à quelques pas près.

En somme, les éléments existent pour se produire, mais rien ne se produit. Un peu comme si nous n'étions pas au bon endroit. Alors que nous ne sommes jamais bien loin du lieu à la fameuse propriété émergente.

À nous de faire ce déplacement au cœur même de nos croyances pour atteindre ce que nous recherchons. Vu d'en haut, cela ressemble à cette peau de lézard ! L'ensemble est lacunaire, seules les intersections illustrent les propriétés émergentes, ces instants aux bons auspices.

Comme on peut le voir sur l'image, elles sont très nombreuses alors qu'elles ne représentent que 2 pour 1000 de la surface de ce schéma.

C'est complètement dingue, la surface de tous ces carrefours ne fait de 0,2% de toute l'aire de notre biotope.

L'espace de nos ressources est comme dans ce schéma analogique, les intersections sont là, elles sont abondantes, bien réparties aléatoirement sur la totalité de notre champ accessible.
Et pourtant, l'ensemble de tous ces carrefours propices ne représentent qu'un si petit pourcentage de cette aire.
Dans la vie, nous avons autant d'endroits propices à la réussite à proximité, que d'intersections dans cette image. Tous ces croisements sont les instants aux conditions favorables à notre désir. Évidemment, on peut traverser l'espace, de lacune en

lacune, à côté des opportunités, malgré que les éléments soient prêts à émerger aux alentours.

Les expressions ne manquent pas pour décrire la perception de ces moments-là. Bien que ces carrefours soient nombreux, ces lieux propices ne sont pas voisins, ils sont éparses !

Cette discontinuité nous leurre, et nous pensons que les lieux magiques à notre désir sont rares... et l'on parle souvent de chance : comme avoir du bol, être veinard, tomber sur un bon filon, être béni des dieux. Ces expressions sont utilisées dans des contextes variés pour exprimer la difficulté à atteindre la propriété émergente. Elles sous-entendent, qu'elle est due au hasard.

En réalité, la chance est là, à notre disposition, prête à s'exprimer à chaque carrefour pour nous permettre de réaliser notre projet.

Certains nous diront, mais est-ce que cela suffit ?

Eh bien non !

Les conditions de faisabilité ne sont remplies seulement qu'à moitié, puisque qu'il s'agit seulement des conditions favorables extérieures à nous-mêmes. Il manque la deuxième partie, la partie intérieure.

Ces éléments qui font que nos attitudes et nos comportements doivent répondre aussi à la propriété émergente.
Pour parvenir à "je peux", nous devons parvenir à faire coïncider l'état extérieur et l'état intérieur.

L'état intérieur est d'une autre configuration que celle de l'extérieur. C'est un assemblage du savoir-faire et du savoir-être, dans une logique composée des actes et de l'être. Cette composition produira le reste du chemin à faire...

Il s'agit donc, pour accomplir le "je peux", de mettre en

corrélation l'extérieur et l'intérieur afin d'agir en réussite. L'instant magique est cette juxtaposition des deux états.

S'il fallait convaincre de l'importance de notre état intérieur, nous pourrions dire qu'à l'approche de ces moments magiques à la propriété émergente, il arrive que nous changions brutalement de comportement.

Pour peut-être, être déjà en adéquation avec le moment de la victoire ?

En tout cas, la surprise change de camp et de moment sublime, nous passons au moment stupide.

Et patatras !!! Rien ne se produit comme espéré !

En se mettant déjà en situation de recevoir l'ovation de la réussite... tout s'arrête !
Il nous manque les derniers pas, alors que nous étions si proches.

Résumons-nous, maintenant que nous savons que les conditions favorables sont aux alentours, réparties dans tout notre espace potentiel... il est de notre responsabilité de faire le nécessaire jusqu'au carrefour.
Pour l'atteindre, nous devrons continuer le voyage et garder à l'esprit le dédale de la route à parcourir afin d'atteindre la surgescence en question. Celle qui nous permettra d'accomplir notre envie.

De notre présent, soit de là où nous en sommes actuellement, nous savons désormais qu'il nous faudra cheminer. Nous le ferons en modifiant les arcanes de notre psyché dynamique, dans le but de créer l'état intérieur capable de profiter de l'aubaine.

Pour certains, il s'agira de continuer à s'ouvrir et à prendre des risques, contre leur nature, malgré la peur.

Pour d'autres, il s'agira de fiabiliser leurs arrières et d'améliorer leur sécurité, en contradiction avec leurs habitudes.

Soit à chacun de créer son état espéré en continuant autant que nécessaire les efforts pour parcourir les derniers mètres.

Voilà !

Après avoir identifié le lieu propice extérieur, nous sommes face à notre état intérieur et à l'ensemble des facteurs cachés qui nous font agir inconsciemment.

À nous de nous analyser profondément pour nous diriger, jusqu'aux derniers instants, vers ce moment surgissant... et ainsi de bénéficier des conditions favorables pour accomplir notre " je peux.. ".

La Fascine des Acuités

La Psyché Dynamique

La Fascine des Acuités

La Psyché Dynamique

Quand j'étais enfant, j'allais cueillir des joncs dans les fossés de la ferme familiale. On les utilisait en vannerie au Moyen Âge, mais au 20ᵉ siècle, ils étaient la star des fleurs séchées, dénommées quenouilles ou queues de chat.

Avec beaucoup d'attention, j'en faisais des petits bouquets que nous appelions les fascines. Je ne suis pas sûr que le vocabulaire était bien juste, mais c'est ainsi qu'ils sont restés ancrés dans ma mémoire.

Le dimanche matin à l'aube, j'embarquais avec mes fascines sous le bras dans le fourgon familial et j'allais les vendre au marché, place du Pin à Agen, pour faire mon argent de poche. Ainsi je séchais la messe des dernières semaines de vacances.

Ici, je reprends le terme de fascine puisqu'il s'agit, tels ces joncs, d'un assemblage de faisceaux constitué de l'intensité de nos intentions.

Nous allons entreprendre d'investiguer la genèse de nos désirs avec quelques nouveaux concepts pour découvrir la composition de la deuxième partie du "je peux", soit de notre état intérieur.
Pour réussir cette recherche, nous irons onduler du naturel à l'universel une fois encore, tout en nous y promenant avec la mobilité la plus légère.

Bien que pour certains cela puisse être un mauvais souvenir, sortons du cartable de l'écolier... La table de multiplication !

Bon, nous allons rester raisonnables, prenons seulement la table de 2 !

Bien entendu, nous allons transformer ces données sous une autre forme.

	Table de 2						
1 × 2	=	1	+	1	=	2
2 × 2	=	2	+	2	=	4
3 × 2	=	3	+	3	=	6
4 × 2	=	4	+	4	=	8
5 × 2	=	5	+	5	=	10
6 × 2	=	6	+	6	=	12
7 × 2	=	7	+	7	=	14
8 × 2	=	8	+	8	=	16
9 × 2	=	9	+	9	=	18
10 × 2	=	10	+	10	=	20

Pour commencer, traçons un cercle et plaçons 64 points sur le périmètre.

Ensuite, relions-les par des bouts de droites... et seulement par des droites !

Un segment de droite à partir du nombre vers son multiple de 2.

Soit relier 10 à 20... et ainsi de suite... comme on peut le voir dans la figure ci-dessus...

C'est très simple : un cercle, 64 points, une droite du nombre vers son multiple !

Et paf !

Apparaît une courbe dans l'image de droite. Les mathématiciens appellent cette figure le modulo 2, puisqu'elle se produit avec la table de multiplication par 2.

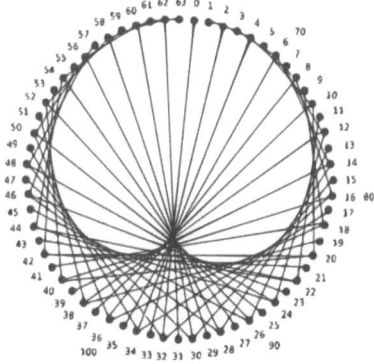

Alors que les éléments de base sont très simples, soit « fois deux »

et seulement des droites reliant le chiffre à son résultat, on observe une courbe se dessiner, une courbe homogène faite uniquement de lignes droites rectilignes qui produisent cette figure.

La surprise, ici, est qu'un pétale, uniquement en galbes cambrés, surgit alors que nous n'avons tracé que des segments de droites.

Pour pousser l'expérience, augmentons le nombre de points sur le cercle, avec 300 points, et toujours avec la même table de multiplication par 2.

Puis, remplaçons le cercle par un triangle ou un carré en gardant les autres mêmes paramètres et de nouvelles formes surgissent encore.

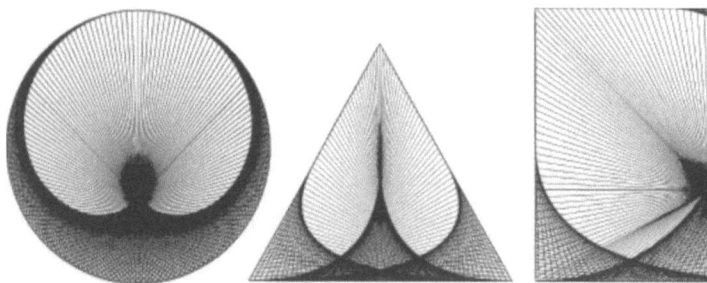 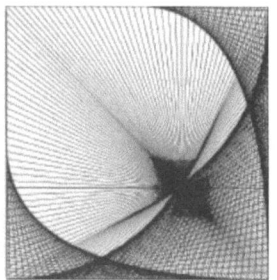

Des courbes et des arabesques très complexes naissent d'un ensemble de droites aux éléments très simples : la table de deux, reliés par des faisceaux entre eux.
Ces formes complexes sont très différentes alors que nous ne faisons que de petites modifications sur quelques variables de base, seulement.

À la vue de ces figures, on saisit comment la complexité émerge de la simplicité par l'association de quelques éléments.

Quel émerveillement que de comprendre que la variabilité d'une petite donnée de base, donne une autre tournure à l'ensemble de la composition.

Nous avons pu observer cela, en nous obligeant à voir la table de multiplication avec les yeux du mathématicien Frédéric Gauss combinés à ceux de l'artiste John Martz avec son modulo.

Ce concept nous éveille à des notions plus profondes, en appliquant ces figues algébriques à la séquence "je peux", nous tenterons d'explorer par analogie nos trajectoires personnelles.

Y aurait-il des facteurs dans notre inconscient qui agiraient comme les droites du modulo et feraient sens en agissant sur notre psyché, et en conséquence sur notre scénario de vie ?

Possible... !? Mais alors quelles seraient ces variables ?

Nous pourrions imaginer qu'il y ait des tangentes faites d'intensité à être fort, à être rapide, à faire parfaitement les choses, à être besogneux, à être bienveillant ou désobligeant.

Les intensités sont des variables. Tout comme pour la vue avec l'acuité visuelle, nous étendons ce vocable à toutes les intensités. Par exemple, l'acuité à pouvoir dire non...

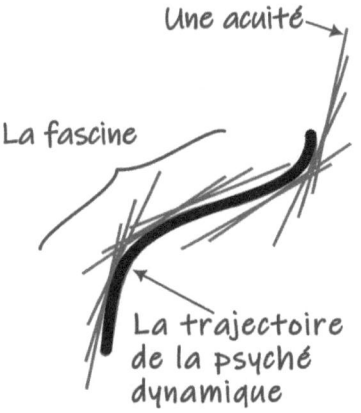

Ces acuités forment un ensemble de tangentes cohérentes par paquets et elles influencent notre psyché. Comme nous le voyons sur le schéma, l'ensemble des faisceaux aux différentes tournures et amplitudes contraignent le trajet.

En somme, la fascine des acuités est cet assemblage qui nous dirige et nous oriente, dans l'ombre, contraignant notre psyché

dynamique à dessiner des bosses et des cavités inattendues, l'ensemble influençant notre trajectoire de vie.
L'idée ainsi posée... de nombreuses questions nous submergent.

De quoi sont faites ces acuités qui commandent notre comportement ?

Bien sûr, nous viennent à l'esprit nos traumatismes passés, nos blessures émotionnelles, nos peurs, nos valeurs et nos croyances. Mais ici, nous allons nous proposer d'autres candidats.

Qui sont-ils ?

Qui se présente pour être les paramètres à la construction de notre parcours de vie ?

Ce sont ceux-là mêmes qui produisent les événements inattendus et surprenants dans notre "tous les jours".

Chacun de nous a souvent fait l'expérience du décalage entre l'intention et le résultat, sans pour autant arriver à identifier les raisons de la déviance.

Maintenant que nous avons compris que chaque touffe de variables modifient le tracé du parcours que nous empruntons. Nous prenons conscience de l'importance de nos réflexes dans les situations... et surtout, nous prenons conscience que tous ces instincts décident pour nous... sans nous avoir consultés !

Alors de quoi est-elle composée cette fameuse fascine ?

Pour tenter de l'analyser, nous allons revenir à la séquence "je veux" "je peux". Commençons avec "je veux" et interrogeons-nous sur les sujets qui nous préoccupent vraiment ?

Certains nous diront d'abord, l'argent... Bon.. Soit !
Alors commençons par... l'argent !

La Fascine des Acuités- La Psyché Dynamique

"je veux"

Qui n'a pas retrouvé un jour ou l'autre dans un vieux jean un billet oublié... Cela semble ridicule de se sentir plus riche de 20 balles !

Et pourtant !

L'argent ne serait-il qu'une émotion ?

Nous associons l'argent à notre enjeu vital, cet enjeu vital de chaque instant qu'est l'énergie.

L'énergie est indispensable à vivre, comme chacun le sait. Nous la consommons avec notre métabolisme et donc nous devons continuellement, comme tous les êtres vivants, nous en préoccuper à chaque instant.

Dans le groupe humain au sociétal élaboré, nous pouvons en être moins préoccupés que d'autres espèces. Nous sommes moins concernés par la quête directe de notre énergie, du fait de notre organisation sociale faite de spécialistes. Ainsi, nous sommes moins dans l'urgence que les autres êtres vivants.

Néanmoins, nous avons l'œil sur les stocks, nous focalisons notre attention sur les réserves... peut-être un atavisme de la notion de territoire ?

La société de métiers, dans laquelle nous sommes, permet à chacun d'avoir bien plus de temps que si nous devions rechercher notre nourriture. D'autant que nous disposons d'un outil de substitution qui nous permet de stocker notre énergie.

Il s'agit de l'argent !

L'argent est une forme de réserves, de denrées, de nourriture... Notre esprit fait le raccourci entre l'argent et la ressource naturellement, d'autant que l'argent nous libère de la dette sociale en décalant l'achat de la vente dans nos échanges.

Autrefois, le troc n'étant jamais exactement à valeur équitable, se créait naturellement de la dette entre les individus lors des transactions...
Troquer un lapin contre quatre pommes, n'est pas équitable.

La première attractivité de l'argent est la résolution de la dette sociale liée à un échange déséquilibré.

Pour un troc à la valeur juste, fini le : donne-moi un poisson, je te donnerai des pommes à la cueillette. L'outil argent, par sa divisibilité, produit un échange à la valeur juste et permet de décaler à notre convenance l'achat de la vente... Ce qui en fait toute sa notoriété !

D'autre part, dans l'espèce humaine, il y a un genre qui, d'un point de vue biologique, est plus en charge de la continuité de l'espèce que l'autre. Non que le mâle humain ne soit pas concerné par sa progéniture autant que sa femelle, mais que le moment, l'accouchement et les montées de lait sont pour elle...

Les femmes sont naturellement plus en responsabilité de la ressource et de l'alimentation de leur progéniture que ne le sont les hommes en général, même si nous savons qu'il existe des cas particuliers.

L'énergie est donc un enjeu encore plus vital pour elle, car il est double... à la fois pour la mère et pour sa progéniture.

Alors, nous pouvons rectifier l'adage populaire souvent répété par le poète : "la femme est vénale", mais à la réflexion, il n'en est rien. La femme n'est pas vénale... elle est maternelle !

L'argent est un enjeu puisque associé au besoin primaire "je veux manger", tellement légitime. Une fois ce besoin rempli, vient le second enjeu de la vie, le "je veux être choisi ". Les êtres vivants sexués sont tenus de trouver un partenaire pour se reproduire. Ils sont portés vers l'autre genre avec force pour satisfaire le gène égoïste en eux, là encore, en général !

Alors quand l'être vivant sexué prend un peu d'avance en réserves d'énergie, il va se mettre en quête d'un partenaire. Mut par une pulsion intense faite d'un fort flux hormonal, il ou elle va mettre en place un stratagème afin d'avoir le meilleur partenaire possible.

Activant ainsi le logiciel de pensée : "je veux être choisi !".

Curieusement, ce "je veux être choisi !" des uns, dérange celui des autres. Et donc "je veux être choisi !" déclenche des comportements souvent décriés par l'environnement social...

Ces deux enjeux vitaux sont rassemblés sur la même symbolique que représente l'argent. Ici la nourriture et la procréation sont associées dans le même objet métaphorique que représente l'argent. Et dans la quête de puissance, son rôle n'est pas si simple à décrypter.

Pour certains, il s'agit d'un outil pour atteindre des objectifs et améliorer leur vie. Pour d'autres, l'argent devient une finalité en soi, une obsession qui peut mener à des comportements destructeurs. Le profil le plus décrié est celui de l'acheteur compulsif. Il éprouve une véritable jouissance dans le seul fait d'acheter, de payer, même s'il n'en a pas les moyens.

Le besoin d'acheter compense souvent une dépression, un deuil, un manque...
Il remplit ainsi le logiciel : "je veux être choisi".

Cette petite nouvelle va l'illustrer.

Folaloba est une femme ordinaire, avec un travail et une vie ordinaires. Mais elle a un secret, elle est une dépensière compulsive.

Dès qu'elle touche son salaire, elle se précipite dans les magasins. Elle achète tout ce qui lui fait envie, sans se soucier ni du prix ni de ses besoins réels. Vêtements, gadgets électroniques, meubles... il lui faut toujours avoir la dernière nouveauté.

Au début, ces achats procurent à Folaloba un sentiment de satisfaction intense. Elle oublie ses problèmes et se sent heureuse. Mais cette satisfaction est toujours de courte durée. Rapidement, elle culpabilise et est submergée par l'angoisse de ses dettes qui s'accumulent.

Pour éponger ses dettes, Folaloba commence à emprunter de l'argent à ses amis et à sa famille. Elle ment et manipule son entourage pour obtenir de l'argent.

La situation de Folaloba ne fait qu'empirer. Elle se sent de plus en plus isolée et déprimée. Elle est au bord du gouffre. Un matin, elle craque. Elle réalise qu'elle ne peut plus vivre de cette façon et elle a décidé de demander de l'aide.

Elle s'inscrit à un programme de thérapie pour les dépensiers compulsifs et a rejoint également un groupe de soutien.

Maintenant, Folaloba est sur le chemin de la guérison, ce sera long et difficile, mais elle persévère.

Il existe un autre portrait très proche, le débiteur chronique. Il adore se mettre en danger financièrement et éprouve de la jouissance liée au risque.

Son besoin de se faire remarquer est comblé par sa capacité à s'approcher au plus près du danger, de la mort...

Toujours tenté d'être plus près que d'autres...

Un oiseau australien a un comportement identique. Il séduit son oiselle en provoquant les prédateurs. Elle choisit le plus téméraire resté vivant. Le débiteur chronique, par sa prise de risques, remplit ainsi son logiciel : "je veux être choisi".

L'histoire de Rijala en est un exemple. Dans le cœur palpitant d'une bourgade du bord de Garonne, habite Rijala. Cet homme a un regard d'acier et un esprit téméraire. Le risque est son oxygène, l'adrénaline sa boussole. Sa vie est une valse effrénée entre les sommets vertigineux du succès et les abysses insondables de l'échec.

Rijala est un financier hors pair, un jongleur de chiffres et d'opportunités. Il navigue sur les marchés financiers avec l'audace d'un corsaire, flairant la fortune dans les fluctuations les plus périlleuses.

Ses paris audacieux lui valent des gains mirobolants, le propulsant au rang des rois de la finance.

Mais Rijala est aussi un joueur compulsif attiré par le frisson du risque. Il parie sur tout, des courses de chevaux aux résultats d'élections, défiant sans cesse le destin.

Ses intuitions sont souvent justes, lui permettant de multiplier ses richesses.

Mais sa témérité le mène parfois sur des chemins périlleux, le conduisant au bord du gouffre.

Cela fait plusieurs jours qu'il gamberge sur un investissement colossal. Il est persuadé d'avoir déniché l'affaire du siècle. Aujourd'hui, il va se jeter dans l'inconnu... Il va miser tous ses avoirs, sa réputation et son avenir... en un seul geste !

Il a le sentiment que toutes les cellules de son corps sont d'accord !

Il s'est levé dans la nuit pour basculer en ligne, tous ces avoirs... Persuadé qu'au petit matin, il aurait fait le coup du siècle !

Mais depuis une heure déjà, le cours de la valeur est suspendu... Patraque.... La chance vient de lui tourner le dos !

C'est fini !

Il est ruiné, l'investissement s'avère désastreux, engloutissant son empire financier et le laissant pantois... abasourdi !

Parmi tous les portraits psychologiques, face à l'argent, il en est un autre qui est le fils prodigue.

Il adore dépenser, mais surtout, il se met en valeur au travers de ces dépenses en achetant pour les autres. C'est sa façon d'aimer et d'être aimé, il ne sait plus faire la différence entre lui et l'objet à acquérir.

Voici l'histoire de Tourja.

Tourja est un élève assidu et studieux. Il absorbe le savoir comme une éponge. Il s'entraîne sans relâche afin de maîtriser des connaissances dans tous les domaines. Au fil des mois, sa culture grandit, il se stupéfiait lui-même.

Maintenant, sa renommée s'étend de plus en plus dans sa classe et l'on vient lui demander conseil. Ceux qui le méprisaient jusque-là, sont les premiers de la liste et attendent patiemment leur tour. Tourja est devenu une sorte de prodige.

Le temps est passé... 10 ans plus tard !

Tourja n'est pas une personne ordinaire. Il possède un cœur généreux et une âme bienveillante, toujours prêt à illuminer la vie de ceux qui l'entourent par sa bonté inconditionnelle.

Il ne cherche ni reconnaissance ni gloire.

Sa seule récompense est le bonheur qu'il ressent en apportant de la joie aux autres.

Il a compris que la vraie richesse ne réside pas dans les possessions matérielles, mais dans la bonté du cœur et la générosité de l'esprit.
Mais pense-t-il suffisamment à lui ?

Ici, nous sommes avec le portrait le plus connu que l'argent engendre, l'avare.

L'avare n'a qu'une obsession, accumuler et faire fructifier son argent, mais en le cachant !

Sa fortune symbolise sa puissance, son être, son sang. Plus elle s'accroît, plus son Moi devient fort. L'argent se substitue à sa vie et à sa personnalité.

Regardons comment ce profil bascule dans l'avarice. Voici le récit du parcours de Lolajola.

Dans un paisible village du bord de mer, niché au cœur des lavandes, vit une femme d'une cinquantaine d'années à la vie simple et aux manières courtoises.

Autrefois connue pour sa générosité et son esprit jovial, elle a maintenant adopté une attitude qui laisse perplexes ses proches. Lolajola est devenue avare !

Chaque centime dépensé est scruté à la loupe, chaque plaisir remis en question. Ses repas autrefois copieux se résument désormais à des portions minimalistes, ses vêtements portent les traces du temps et ses sorties se font de plus en plus rares.

Ses amis, inquiets de ce changement, tentent de comprendre la source de son avarice. Certains évoquent des problèmes financiers cachés, tandis que d'autres avancent l'idée d'une maladie mentale. Mais elle refuse obstinément de s'ouvrir, s'enfermant dans un silence obstiné.

En ce lundi de printemps, elle marche dans les ruelles du village, et elle croise Folaloba, une fille qu'elle connaît depuis son enfance. Folaloba remarque son air morose et sa silhouette amaigrie. Elle l'interpelle avec douceur, en lui rappelant toute sa gentillesse et sa joie de vivre, des bons moments partagés jadis.

Touchée par ces paroles, Lolajola se confie enfin. Elle se rappelle son enfance difficile marquée par la pauvreté, sa peur constante de manquer et le sentiment que l'argent est la clé du bonheur. Elle revoit le fil des années se dérouler et cette peur se transformer en obsession, la poussant à se priver de tout plaisir pour accumuler des numéraires.

Folaloba l'écoute attentivement et sans jugement, lui répond que la véritable richesse n'est pas dans les possessions matérielles, mais dans les moments partagés et les liens tissés avec les autres. Elle lui rappelle la joie qu'elles éprouvaient autrefois lorsqu'elles s'offraient de bons petits repas pour aider ceux dans le besoin.

Ces paroles résonnent en Lolajola.

Elle comprend que son avarice l'a éloignée des choses qui comptent vraiment dans sa vie. Déterminée à changer, elle décide d'organiser un grand repas pour ses amis et ses voisins afin de montrer à tous qu'elle est restée la même. Cette fille généreuse au grand cœur.

Le besoin de sécurité est inscrit au cœur de l'être humain. Il se manifeste de différentes façons en fonction des âges de la vie. La sécurité est à la base de la construction de soi, elle est le socle sur lequel nous bâtissons notre capacité à établir des relations saines.

Pour compléter cette liste à la Prévert, voici une dernière approche de l'argent, le profil de l'anorexique financier. Lui est paralysé face à l'argent, tant par le fait d'en dépenser que par le fait d'en gagner.

L'anorexique financier est ainsi incapable de se vendre en entretien, tant il est bloqué par l'idée de devoir s'évaluer et réclamer un salaire.

Jojoba a tout pour lui à 35 ans. Il est à la tête d'une entreprise florissante, possède une maison cossue et une voiture de luxe. Sa vie est rythmée par des réunions, des voyages d'affaires et des mondanités. Pourtant, Jojoba n'est plus heureux.
Plus l'argent afflue, plus il se sent vide. Il a perdu le goût des choses simples, la joie des petits plaisirs. Il est devenu blasé, lassé de tout.

Un jour, alors qu'il était plongé dans ses idées, le regard hagard, assis sur sa terrasse, il se rend compte qu'il ne ressent plus rien, ni satisfaction, ni fierté, ni ambition, juste un immense vide. À ce moment-là Jojoba prend une décision radicale : il va se débarrasser de tout son argent.
Il décide alors de vendre son entreprise, sa maison, sa voiture, donne une grande partie de son argent à des associations caritatives et investit le reste dans des projets qui lui tenaient à

cœur : la protection de l'environnement, l'éducation des enfants défavorisés.

Jojoba s'installe dans une petite maison de campagne et commence une nouvelle vie. Il s'occupe de son jardin potager, fait du bénévolat dans un centre d'accueil pour animaux et s'adonne à la peinture.

Pour la première fois depuis des années, Jojoba est heureux de retrouver le goût de la vie, le plaisir des choses simples. Il a compris que le vrai bonheur ne se trouvait pas dans l'argent, mais dans les relations humaines, dans la contribution à un monde meilleur et dans la réalisation de ses passions.

Cette petite histoire remet l'argent à sa place dans l'éventail de nos besoins. Il est important de ne pas perdre de vue les valeurs essentielles de la vie et de se consacrer à ce qui nous passionne vraiment.

Une des clés de l'épanouissement personnel est de comprendre que l'argent est un outil, pas une fin en soi. La relation à l'argent est saine quand elle est une conséquence de notre énergie dépensée et de notre créativité.

Si elle devient un objectif en soi, elle nous transforme en être avide... avide de son nombril. Quand cet état d'esprit s'installe, plus rien ne suffit à la satiété de cette personne, elle est dans un toujours plus... sans satisfaction !

Gardons à l'esprit que l'argent n'est pas une propriété, mais un flux de la confiance collective. Beaucoup auront lu sur le "net" cette histoire du billet de 200 euros.

Un homme a rendez-vous avec sa maîtresse dans un relais et château, il est arrivé en avance. Il paie l'aubergiste avec un billet de 200 euros et monte dans la chambre.

L'hôtelier doit au boulanger le pain du mois, il traverse la rue et se libère de sa dette. Mais ce commerçant n'aime pas ce genre de gros billet.

Il va à quelques enjambées de là, chez son copain le boucher auquel il doit la viande de la dernière fête entre amis.

Mais comme lui non plus n'est pas friand de ces grosses coupures, il en profite pour aller payer à l'hôtelier la chambre de sa cousine parisienne passée la semaine dernière.

Pendant ce temps-là la maîtresse est arrivée, mais la chambre ne lui plaît pas. L'homme avec son amante demande à l'aubergiste de lui rendre son billet... et le billet repart avec le couple !

C'est magique ! Un billet entre un instant dans un village, il passe de main en main... tous paient leur dette... et le billet repart avec le touriste... ni vu, ni connu... abracadabra... plus de dettes !

L'argent n'est pas une propriété... elle est un flux !

Certains nous opposeront que l'argent a un rôle primordial dans l'espace social. Effectivement, plus les machines nous soulagent dans nos tâches, moins nous coopérons pour nous entraider et donc pour beaucoup, l'argent devient le seul objectif.

Mais pour être en harmonie, nous devons être capable de replacer l'argent au stade d'outil. L'harmonie est un équilibre entre notre rêve et nos attitudes, elle est une mise au point du savoir-faire et du savoir-être... C'est avec cette démarche que nous pouvons produire l'unisson, cette harmonie qui nous permet d'aboutir. Ainsi "je peux" devient la conséquence naturelle et logique de notre posture.

Quand nous sommes en déséquilibre, la fin passe devant le début... la conséquence devant l'objectif, alors notre esprit est téléporté à la fin du trajet. Évidemment nous n'en sommes pas satisfaits et nous perdons le sens des choses...

Nous ne remplissons plus ce besoin de parcourir le chemin !

Le chemin est le principal besoin tout au fond de notre être !

Rechercher l'harmonie, c'est cultiver son jardin sur un terrain rocailleux où rien n'est prévisible... et pourtant, même si elles sont quelques fois petites, de belles fleurs y finissent toujours par pousser.

Pour redonner du sens à "vivre" et à "mieux vivre", l'argent doit donc être remis à sa place.

Oui !!! L'on pourrait croire à un psaume du monothéisme !

Mais remettre l'argent à sa place... à sa place d'outil... cela produit un meilleur équilibre entre nous et l'environnement.

Sur le plan psychologique, mettre l'argent à sa place, c'est le mettre au niveau de l'instrument, de l'ustensile, de l'accessoire... pour faire la bonne recette culinaire. Mais en aucun cas, il n'est la bonne provenance du produit, ni la cuisson à cœur délicate et encore moins le décor sur l'assiette qui ouvre l'appétit !

Sa bonne place est au rang de l'engin, du machin que l'on range dans le tiroir !

Comprendre l'importance de cela, c'est comprendre que l'humain a besoin du groupe...

Alors une fois les premières soifs remplies, nous recherchons à nous sentir connectés aux autres, pour combler nos besoins d'amour et d'affection, nos besoins d'appartenance et d'amitié, tout ce qui procède de la bonne santé mentale.

Resté, collé et focalisé sur les trucmuches du tiroir, n'est pas la vie... La vie, elle se déroule dans la grande salle au grand jour, pas dans les petits casiers des meubles de la grand-mère.

Nous sommes comme cet instrument. Avant d'être accordé, les

fausses notes remplissent l'espace, puis par petites touches, l'on parvient à trouver la note juste, la bonne fréquence.

La vie est cette dynamique-là !

Nous sommes en quête... et par de petits réglages, nous tentons de remplir nos soifs d'être humain. Et quand nous y parvenons, cela produit autour de nous des désirs mimétiques.

Nos postures faisant bouger l'espace social, elles provoquent des besoins de reconnaissance chez d'autres.
Il existe une part en nous, mue par le gène égoïste qui vient alimenter le logiciel "je veux être choisi" ce besoin de relation !

Nous voici au deuxième enjeu : l'amour.

Nous sommes passés du premier enjeu, l'argent, au second, l'amour. Nous les avons abordés dans l'ordre d'importance. Il existe un troisième enjeu vital, qui est la définition même de la vie...
Il s'agit de la Mort... Disons plutôt, l'instinct de survie !
La mort est la définition même de la vie. Tout ce qui peut mourir est vivant...

Combien de philosophes ont fait du sujet de la mort leur fonds de commerce ?

Ils se sont inspirés de toute la sagesse qu'évoque la grande faucheuse par son inéluctable sentence.
Il arrive à d'aucuns, que seulement y penser, les tétanise.
Alors qu'elle donne toute la notion de temporalité à la vie !
S'apaiser avec la mort, nous offre une grande capacité à nous délecter de chaque instant présent.

Quant au quatrième enjeu, nous l'avons déjà abordé avec Schopenhauer... Il s'agit de l'ennui.

Ainsi agencés, nous avons donc comme enjeux de la vie :

l'argent (l'énergie), l'amour (la reproduction), la mort (le temps), l'ennui (le passé glorieux).

Nous reparlerons plus en avant de tout cela.

Maintenant nous allons quitter les enjeux de l'espèce et le "je veux" pour revenir vers le "je peux", ainsi le voyage continue dans les méandres de la psyché.

Pour cela, nous examinons les paramètres de la chambre noire, les éléments qui pilotent le story-board de la vie.

Avec la vision haute, nous nous sommes éclairés du modèle du modulo et nous avons vu qu'il suffisait de quelques droites "paramètres", pour tracer des courbes.

Nos petites intentions inconscientes sont des droites, qui forment des bouquets de forces invisibles. Elles agissent dans l'ombre en facteurs contraignants et façonnent nos comportements.

Même si l'endroit est sombre, il est malgré tout possible de démasquer ces paramètres en les analysant au travers de plusieurs disciplines, des sciences dures aux sciences humaines.

Notamment avec la fascine des acuités, en s'aidant toujours de la pensée sinusoïdale, nous allons tenter de nouvelles approches.

Depuis la nuit des temps, l'humain cherche le sens de son existence !

Qui suis-je ?

Où vais-je ?

Dans quel état j'erre ?

Sans faire offense, à tous ces penseurs et autres savants, humblement, nous allons reprendre ceci avec une autre vision.

Bien entendu, les fondamentaux de l'inconscient qui nous

dirigent à chaque instant sont toujours les mêmes, depuis Cro-Magnon.

Mais essayons de trouver d'autres angles d'observation pour les identifier simplement, et définir quelques candidats à la composition de la fascine des acuités.

Par une approche à la formule légère, presque badine, proposons-nous une compréhension différente de la complexité humaine.

Non, pour en inventer une autre, mais pour présenter les choses dans une une pédagogie différente.

Alors essayons ces trois-là :

Candidat numéro 1 - Le Dédé-Reureu

Candidat numéro 2 - La Ligne du Temps

Candidat numéro 3 - La Carte de la Liberté

La Fascine des Acuités- La Psyché Dynamique

Le Dédé-Reureu

Folaloba est discrète et ne demande jamais rien à personne, elle doit s'absenter une heure, aujourd'hui. La mort dans l'âme, elle envoie un message à toute l'équipe pour demander si quelqu'un pourrait surveiller sa ligne téléphonique.

Stupéfaction dans l'openspace... c'est bien Folaloba qui demande un coup de main ? Celle qui gère toujours tout sans jamais broncher ?
Elle reçoit une avalanche de chambrages :
- "Bien sûr Folaloba , je peux même garder ton siège au chaud si tu veux !"
- "Tu veux un café en prime ? Je le ferai comme tu l'aimes !"
- "Est-ce que tu as d'autres souhaits ?"
- "Besoin, qu'on te décore le bureau (en ton honneur) ?"

Folaloba est un peu déconcertée par tant d'enthousiasme... À son retour, elle découvre que ses collègues ont collé un post-it sur la porte de son bureau : "Aujourd'hui, Folaloba a demandé un service !"

La communication humaine et les interactions sociales se font aussi à partir de verbes. Ils jouent un rôle décisif dans les relations, de la gestion des conflits à la satisfaction des besoins mutuels.

Ces verbes sont : **Demander – Donner – Recevoir – Refuser.**

Nous sommes avec le DD-RR dans la situation où le haut et le bas, la droite et la gauche sont interchangeables.

Qui est le premier, l'œuf ou la poule ?

Qui agit sur l'autre, qui est la cause et qui est la conséquence ?

Cet ensemble de verbes est à la base des contacts sociaux et des échanges avec l'environnement. Ils influencent notre psyché et nos comportements.

Demander est l'action d'exprimer un besoin, un désir à une autre personne. C'est un acte fondamental pour obtenir de l'aide, des informations ou des ressources.

Donner est l'action de fournir quelque chose à une autre personne, que ce soit un objet matériel, une aide, un soutien émotionnel ou des conseils. C'est un acte de générosité et de bienveillance qui renforce les liens et favorise la réciprocité.

Recevoir est l'action d'accepter quelque chose qui est offert par une autre personne. C'est un acte de gratitude et de reconnaissance qui permet de maintenir l'équilibre dans les relations.

Refuser est l'action de décliner une offre ou une demande. C'est un acte d'assertivité qui permet de respecter ses propres limites et ses propres besoins.

Le DD-RR agit à la fois vers l'extérieur, dans nos relations avec les autres, mais aussi vers nous-mêmes, dans notre dialogue intérieur et dans toutes nos décisions.

Voici une petite comptine...

Jojoba est un petit garçon turbulent. En se promenant dans la forêt, il aperçoit un magnifique pommier rempli de pommes rouges et juteuses. Son estomac commence à gargouiller, il s'approche de l'arbre. Il grimpe rapidement de branche en branche et cueille la plus belle pomme. Il la mord à pleines dents, savourant son goût sucré et délicieux...

"Mais qui donc mange ma pomme ?", dit une petite voix derrière lui.

Jojoba se retourne et aperçoit la petite fée Lolajola perchée sur une branche. Elle a de grandes ailes scintillantes et surtout des yeux pétillants de malice.

Un peu gêné, il s'excuse aussitôt : "Oh pardon petite fée, je ne savais pas que c'était ta pomme. J'ai tellement faim..."

La fée le regarde un instant, puis sourit : "Ne t'inquiète pas, petit Jojoba. J'en ai tellement que je peux t'en donner une."

Et de sa baguette magique, elle fit apparaître une autre pomme, tout aussi belle et appétissante que la première. Jojoba la remercie avec un grand sourire, puis ils partagent la pomme ensemble, discutant joyeusement.

Depuis ce jour, il n'a jamais oublié la bienveillance de la petite fée. Il a appris à demander avant de prendre et à appris à partager avec les autres, mais il est toujours aussi gourmand !

Ce petit conte sur la pomme nous décrit un monde idéal, où chacun demande poliment, donne généreusement, reçoit avec gratitude et refuse avec respect. Nous pouvons sans efforts cultiver des relations saines et harmonieuses avec les autres.

Mais il y a un « MAIS », les choses ne se passent pas ainsi !

L'enchaînement de "demander, donner, recevoir, refuser" est construit par notre histoire personnelle et dans la relation aux autres, cet enchaînement fait toute notre particularité. Nous sommes des  êtres singuliers. Nous agissons différemment autour de chacun de ces points.

Nous pouvons demander ou ne jamais demander. Nous pouvons aussi le faire de différentes manières en proposant ou en invitant. Ainsi, nous agissons avec l'idée que l'autre a son libre-arbitre.

Mais il arrive que la demande prenne un autre aspect où nous avons une attitude qui exige... voire, qui culpabilise l'autre... ainsi la demande devient très intense. Ce phénomène se produit en corrélation avec le droit "à demander".

Si nous disposons d'une faible autorisation à demander dans notre dialogue intérieur... alors quand nous parviendrons à formuler la demande, la demande sera exagérée et démesurée par rapport à la situation.

Dans l'absolu, nous sommes libres de faire la demande dès l'apparition de l'envie... mais souvent, nous avons intégré l'obligation d'attendre avant de pouvoir le faire. Il nous faut une certaine latence pendant laquelle le manque grandit et l'énergie s'accumule. Cette durée d'attente sera proportionnelle à l'intensité avec laquelle l'action sera faite quand la barrière sera franchie.

Plus il y aura de frustration, plus nous modifierons notre comportement sous-jacent et ainsi nous passerons d'inviter => à => exiger pour combler le manque.

Quand notre mode relationnel n'est pas libre de demander, alors quand viendra le moment où je m'autoriserai à le faire, j'utiliserai le "tu" en lieu et place du "je" et je culpabiliserai plutôt qu'inviterai à...

Ainsi, l'on peut dire : "J'ai besoin d'un câlin, je me sens un peu triste" ou alors "Tu pourrais bien me faire un câlin, tu vois bien que je suis triste."

La demande peut donc prendre la direction du prospère et produire de la confiance, ou à l'inverse, avec trop d'énergie, elle peut produire de la méfiance et de la dramaturgie.

Nous pouvons observer également cela dans d'autres verbes de la communication. L'action de Donner est toute aussi essentielle !

Donner, c'est s'exprimer clairement !

C'est partager des informations et des ressources, c'est aussi offrir du soutien aux autres.

Par le don, nous pouvons favoriser la collaboration et créer un environnement plus positif et solidaire.

Nous pouvons aussi donner de l'empathie pour établir des rapports bienveillants par une communication non-verbale. L'envie de donner s'exprime alors par le langage corporel, les expressions faciales et le ton de la voix. Être sincère dans nos intentions produit des signaux non-verbaux cohérents avec notre discours.

Pour donner, comme la petite fée Lolajola l'a montré, nous devons nous sentir en sécurité. Il y a plusieurs intentions dans le don : nourrir, partager ou prêter une attention particulière à ce que l'autre personne dit, en se mettant à sa place, en essayant de comprendre son point de vue.

Mais Donner, cela peut être aussi malheureusement,

communiquer en imposant son point de vue, en obligeant l'autre à utiliser notre approche, par des tactiques coercitives pour le persuader d'accepter notre désir.

La frontière est subtile entre donner un point de vue et l'imposer, ce qui a des conséquences significatives sur la relation. Forcer l'action est un moyen efficace d'obtenir ce que l'on souhaite, tout de suite... mais les conséquences sont négatives pour le futur de la relation.

Cette façon de faire sème dans le futur des éléments de conflit qui tôt ou tard produiront un affrontement. Ici l'intensité dans cette intention a un effet inverse.

Il en va de même, avec l'action de recevoir, les choses peuvent être tout aussi complexes qu'avec : donner. Recevoir est un autre verbe essentiel à la communication humaine.

En voici un scénario :
Dans le quartier Nord, nous sommes comme dans un petit village niché au pied d'une montagne. La jeune Lolajola est connue pour sa gentillesse et sa générosité.

Elle est toujours prête à aider les autres, que ce soit en leur offrant un plat chaud ou en leur prêtant une oreille attentive. Cependant, Lolajola a un secret, elle a beaucoup de mal à recevoir.

Chaque fois que quelqu'un lui fait un cadeau ou lui offre son aide, elle se sent mal à l'aise. Elle a l'impression de ne pas mériter ces gestes de bonté et préfère donner plutôt que recevoir. Cela la rend parfois triste et isolée, car elle a l'impression que personne ne veut rien d'elle, personne ne veut de son aide.

Un vieux Monsieur du quartier, toujours assis sur un banc, observe, Lolajola depuis quelques jours et remarque sa difficulté à recevoir. Un jour, il s'approche d'elle et lui dit : "Lolajola, tu as un grand cœur et tu donnes beaucoup aux autres. Mais sais-tu qu'il est très important aussi de recevoir ?

Accueillir n'est pas un signe de faiblesse, c'est un signe d'ouverture et de confiance."

Lolajola est toute surprise par ces paroles. Elle n'a jamais pensé de cette manière. Elle a du mal à imaginer qu'apprendre à recevoir pourrait la rendre plus heureuse.

Elle veut bien essayer... petit à petit, elle laisse plus de place aux autres. Elle observe au fil des semaines, que recevoir n'est pas égoïste, mais plutôt un moyen de partager de l'amour et de la générosité.

Lolajola comprend que savoir recevoir est tout aussi important que savoir donner. Elle est heureuse d'avoir ouvert son cœur et d'avoir découvert la joie de partager et de recevoir. Mais il reste encore beau à faire, ne dit-on pas : chasser le naturel, il revient au galop...

Apprendre à recevoir est un défi pour beaucoup d'entre nous, mais il vaut la peine d'être relevé. Recevoir nous permet de créer des liens profonds avec les autres, de nous sentir aimés et estimés et de vivre une vie plus épanouissante.

Cela nous amène à accepter les compliments avec grâce, pour permettre aux autres de prendre soin de nous. Ainsi, il est possible de remercier sincèrement les personnes qui nous offrent des cadeaux ou de l'aide.

Il en va de tout autre chose, pour les profils qui sont dans l'urgence de recevoir. Pour ceux-là, il n'est plus possible d'attendre. Alors ils décuplent de l'énergie dans le "recevoir". Ils prennent, arrachent pour recevoir ce qui, de leur point de vue, est un dû.

Évidemment, ces tordeurs de bras sabotent leurs relations, ces attitudes négatives ne sont pas sans conséquences pour leur avenir. Cette approche laisse croire au grand soir, mais elle ne produit que des matins blêmes et des moments conflictuels. Ils s'imaginent être des êtres tout-puissants donnant libre cours à leurs désirs sans contraintes sociales. En réalité, ils sèment de la dramaturgie qui envahira leur futur.

Nous voici maintenant à la dernière caractéristique du DD-RR, refuser... Dire non !

Pour certaines personnalités, dire "non" les conduit dans une zone d'insécurité et peut finir par les rendre malades.
Apprendre à dire non quand cela n'est pas fluide... est un défi crucial pour notre bien-être et notre réussite.
Savoir dire non est une compétence essentielle qui nous permet d'affirmer nos limites, de protéger notre temps et notre énergie. Dire non, c'est prendre des décisions en adéquation avec nos valeurs et nos priorités.

Mais pour certains d'entre nous, exprimer un refus s'avère délicat, voire paralysant.

Pourquoi pour ces profils est-il si difficile de dire non ?

Les raisons qui nous empêchent de dire non sont multiples et souvent liées à des peurs profondes ou à des schémas de pensées limitantes, comme la peur de décevoir ou de blesser les autres...

Nous craignons de ne pas être aimés, appréciés ou respectés si nous refusons une demande... nous redoutons les réactions négatives, les disputes ou les tensions qui pourraient découler d'un refus.

Par un manque de confiance en soi... nous doutons de notre valeur ou de notre capacité à dire non... de manière assertive.

Avec ce sentiment d'obligation ou de culpabilité, nous nous sentons contraints d'accepter les demandes des autres, même si cela va à l'encontre de nos propres besoins.

Comme nous avons de la difficulté à identifier et à exprimer nos limites, nous ne savons pas toujours ce que nous voulons ou ce que nous pouvons accepter ou refuser des autres. Cela nous rend vulnérables aux sollicitations extérieures.

Surmonter ces obstacles et apprendre à dire non efficacement est un processus qui nécessite de la pratique et de la persévérance.

Comprendre l'importance de dire non, procède la santé mentale.

Dire non n'est pas un acte égoïste ou malveillant. C'est une expression saine qui pose nos limites et nos besoins. C'est un respect de soi.

Pour dire non, nous devons identifier nos valeurs et nos priorités.

S'interroger soi-même : Qu'est-ce qui est important pour moi dans mes objectifs et mes aspirations ?

Avoir une vision claire nous permet de refuser. C'est aussi une façon de prendre soin de soi !

En voici une illustration :
Jojoba est un jeune garçon au grand cœur. Il adore aider les autres et est toujours prêt à rendre service. Cependant, sa gentillesse le met parfois dans des situations difficiles. Il a du mal à dire non, ce qui lui cause souvent du stress et de la fatigue.

Jojoba est débordé. Il a promis à son ami Tourja de l'aider à ranger sa chambre... à sa mère de faire les courses et à sa prof de français de l'aider à construire la scène pour la pièce de fin d'année. Il se sent submergé et commence à paniquer.
Pendant qu'il marche dans la cour de l'école, il croise la gentille bibliothécaire.

Elle lui demande s'il peut l'aider à transporter des livres pour la nouvelle exposition. Jojoba, voulant être gentil comme toujours, accepte immédiatement.

Mais en se rendant à la bibliothèque, Jojoba s'aperçoit qu'il n'aura jamais le temps de tout faire. Il culpabilise déjà à l'idée de ne pas pouvoir aider sa mère et sa prof. Il est malheureux !

Mais demain, c'est mercredi et comme d'habitude, il ira chez son grand-père et il demandera conseil...

- Papy... comment faire pour en faire plus ?

Après l'avoir bien écouté, son grand-père se fâche.

- Jojoba, il est important de savoir dire non. Il faut apprendre à te respecter et à prendre soin de toi.

Le jour suivant, Jojoba prend une grande inspiration et retourne voir la bibliothécaire. "Je suis vraiment désolé, mais je ne peux pas vous aider aujourd'hui. J'ai déjà trop de choses à faire." Elle le regarda surprise. "Mais Jojoba," dit-elle, "j'ai vraiment besoin d'aide."

Jojoba sourit gentiment. "Je le sais, Madame, et je suis vraiment désolé. Mais je dois apprendre à dire non quand je suis débordé. Je vous promets de vous aider une autre fois."

Elle sourit à son tour. "Je comprends, Jojoba. C'est une bonne chose que tu apprennes à prendre soin de toi. Ne t'inquiète pas pour les livres, je trouverai quelqu'un d'autre pour m'aider."

Jojoba se sent soulagé et fier de lui. Il a pu enfin dire non, ce qui lui a permis d'éviter une situation stressante.

Depuis, il continue à s'entraîner à dire non.

Il apprend à identifier ses limites et à s'affirmer. Il comprend que dire non n'est pas un signe d'impolitesse, mais plutôt une manière de prendre soin de lui et de son bien-être.

Plus nous prenons en compte nos besoins, plus nous sommes en accord avec nos valeurs et notre bonheur de vivre.
Ainsi l'on a une plus grande place pour les choses que l'on aime et l'on se sent plus en contrôle de sa vie.
En somme, il est important de savoir dire : non... pour pouvoir dire : oui... aux choses qui comptent vraiment.

Nous aurons compris que chacun de ces verbes est étroitement lié à la communication dans plusieurs facettes et nous pouvons passer facilement de la dramaturgie au lâcher-prise en réglant le niveau d'énergie que nous mettons dans chacun d'eux.

Lâcher-prise sur le contrôle de la relation

Inviter	Stimuler	Amplifier	Se Positionner
Proposer	Offrir	Recueillir	S' Affirmer
Demander	**Donner**	**Recevoir**	**Refuser**
Exiger	Obliger	Prendre	Rejeter
Culpabiliser	Imposer	Arracher	S' Opposer

Maintenir le rapport Dominant/Dominé

Quand nous sommes dans une impasse, il est bon de revoir et d'analyser notre processus avec le DD-RR... Avec une observation haute, nous pouvons nous proposer une transformation profonde de nos croyances, de nos attitudes et de nos comportements.
L'espoir de ces remises en cause est de s'affranchir des schémas répétitifs des pensées négatives qui sèment le conflit et le drame.
Par un nouveau réglage opportun, nous pouvons retrouver un esprit plus serein face aux épreuves de la vie.

Gardons à l'esprit que la dramaturgie est caractérisée par l'exagération.

Il y a souvent trop d'intention dans ces verbes, des acteurs qui nous entourent, mais aussi de nous-mêmes. Car il est rare de voir se produire un conflit chez un individu tout seul dans le désert !

Pour qu'un conflit prenne de l'ampleur, il faut un partenaire. Un partenaire qui alimente les sources du conflit… c'est ainsi qu'il peut prendre des proportions démesurées par rapport aux circonstances.

Avec notre vision haute, nous pouvons observer que les charges sont partagées, dans une certaine mesure. Il arrive que la victime participe à sa mise au pilori en proposant un espace à l'exagération. Ainsi, il y a de fait, plus de place pour produire cette intensité excessive… plus de place que le persécuteur ne manquera pas d'occuper.

Cet excédent dans la communication, accentue le rapport dominant/dominé par celle ou par celui qui est la recherche d'un surplus dans la relation.

Comme les échanges contradictoires ne remplissent plus les attentes des protagonistes, alors ils intensifient leurs échanges qui produiront des effets néfastes sur leur bien-être physique et mental.

Cette situation envenimée génère du stress, de l'anxiété et des sentiments de frustration, privant tous les acteurs de profiter pleinement de la relation.

En revanche, le lâcher-prise nous libère de ces schémas destructeurs et nous permet de cultiver un état d'esprit plus calme et centré sur le présent.

Il nous ouvre la porte à une vie plus authentique.

Voici quelques pistes pour sortir du rapport dominant/dominé :

1) Prendre conscience de nos schémas dramatiques.
2) Identifiez les déclencheurs de nos réactions.
3) Cultiver la gratitude.
4) Accepter de ne pas être au contrôle.
5) Apprendre à pardonner et à nous pardonner.
6) S'entourer de personnes positives.
7) Prendre soin de son être.
8) Éviter d'être impatient !

L'intention est au cœur de notre transformation.
La transition entre la dramaturgie et le lâcher-prise n'est pas si simple. L'inconscient étant rigide et résistant au changement, l'effort du conscient devra être d'autant plus grand et continu.

Comme, nous l'avons vu plus haut dans le texte, pour qu'une utopie ou un rêve se réalise, il est nécessaire d'être à la recherche de l'harmonie, à la recherche de cette rencontre entre l'environnement et notre état d'esprit...

Relation Créative qui tend vers le prospère

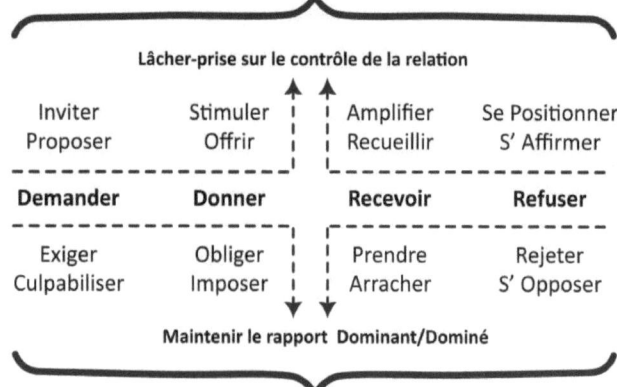

Lâcher-prise sur le contrôle de la relation

Inviter	Stimuler	Amplifier	Se Positionner
Proposer	Offrir	Recueillir	S' Affirmer
Demander	**Donner**	**Recevoir**	**Refuser**
Exiger	Obliger	Prendre	Rejeter
Culpabiliser	Imposer	Arracher	S' Opposer

Maintenir le rapport Dominant/Dominé

Relation Infantilisante qui tend vers la dramaturgie

Une fois l'harmonie intérieure établie. Il nous faudra aussi de la concordance entre notre extérieur et notre intérieur... entre le plausible et le possible.

Nous avons besoin pour cela, d'un milieu mûr des conditions favorables, soit l'état plausible. Mais il est aussi besoin d'une mentalité en concordance aux circonstances bénéfiques... un état d'esprit du DD-RR en adéquation aux conditions exigés, soit l'état possible.
L'ouverture au changement nous permettra de parcourir le chemin du nouvel état intérieur nécessaire... pour parvenir à notre objectif.

Notre dessein peut être un accomplissement positif, une utopie, un rêve, mais il peut être aussi la dissolution d'un blocage ou la disparition d'une douleur. Quelle que soit la conjoncture, la méthode est la même : la réalisation s'accomplit au moment de la juxtaposition dans lequel les deux états, plausible et possible coïncident. Cet accord transforme le projet en réalité.

Comme dans le schéma ci-dessous. On distingue les vicissitudes de l'environnement en fond d'image... la trajectoire de la psyché dynamique est représentée par le trait et ses boucles... jusqu'à la rencontre bénéfique !

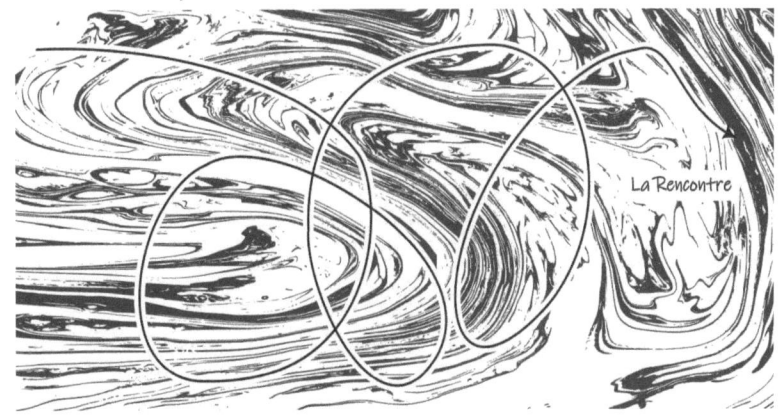

La Rencontre

La Fascine des Acuités- La Psyché Dynamique

La Ligne du Temps

Lequel des deux, surveille l'autre ?

Souvent nous observons le temps qui passe, alors qu'en réalité, c'est lui qui nous regarde passer !

Pour la seconde intensité de la fascine des acuités, la ligne du temps, nous allons continuer notre recherche vers l'intérieur et aborder un nouvel aspect de la construction des causes à nos empêchements.

L'idée de ces contraintes est que les intensités s'associent pour former une coque concave ou convexe, soit un ensemble de tangentes qui viennent contraindre la psyché dynamique et lui faire faire une trajectoire astreinte.

Une acuité

Ce second paramètre des acuités, la ligne du temps est probablement le plus difficile à appréhender. Il y a en son sein plusieurs niveaux d'interprétation...

Fascine des acuités

Nous tenterons de le développer avec le plus de pédagogie possible.

Le terme "ligne du temps" n'est pas à prendre au premier degré.

Il recouvre génériquement l'ensemble de l'influence du temps sur notre psychisme. Nous découvrirons avec la ligne du temps, plusieurs aspects de la psyché dynamique.

Pour ceux qui trouveront le sujet trop ardu, il est possible de garder le fil de l'ouvrage en passant au paramètre suivant : la carte de la liberté.

Pour ceux qui continuent à lire cette page, nous aborderons l'ordre temporel du vécu de façon objective, mais surtout de façon subjective. Notamment l'interaction multidimensionnelle entre la chronologie et la psyché dynamique et nous évoquerons l'approche lacanienne de la temporalité.

La ligne du temps... De quoi s'agit-il ?

Le temps est à la fois simple et très complexe... Pour les physiciens, il est la conséquence de la température, pour les mathématiciens, il n'est qu'un vecteur et pour les philosophes, un imaginaire.

« Il est "simplexe" ?! » Nous dirait Dupont et Dupont dans Tintin.

Ici la pensée ondulaire prend tout son sens.

Le temps est à la fois universel et probablement la chose la plus intime, particulièrement avec l'horloge biologique. Pour parvenir à percevoir cette dichotomie, nous allons essayer de parler au cœur même de notre être... à la petite personne, en nous, qui souvent est aux commandes.

La ligne du temps est d'abord une idée extrêmement logique faite d'informations collectées par notre vécu. Les éléments se rangent selon leur arrivée, les unes se plaçant après les autres parce que dernières. Ainsi se déroulerait le fil du temps...

Sur le plan chronologique, cette description des choses est parfaitement exacte.

Cette approche temporelle linéaire est une vision cartésienne.

Elle considère le temps comme une ligne droite, avec le passé derrière nous, le présent avec nous et le futur devant nous, encore inconnu.

Selon cette approche, nous nous déplaçons constamment dans le temps, laissant le passé derrière nous et nous dirigeant vers le futur.

Dans le même fil de cette pensée, on peut considérer le temps 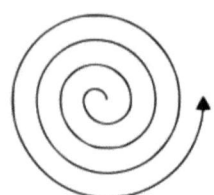 aussi comme un cycle qui se répète, les trois temps se fondant les uns dans les autres, la ligne étant maintenant devenue une spirale. Selon ce modèle, nous pouvons tirer les leçons du passé pour informer le présent et créer un meilleur avenir.

D'autres nous proposent un mixte des deux, la ligne et la spirale à la fois, créant ainsi un cône ayant un haut et un bas.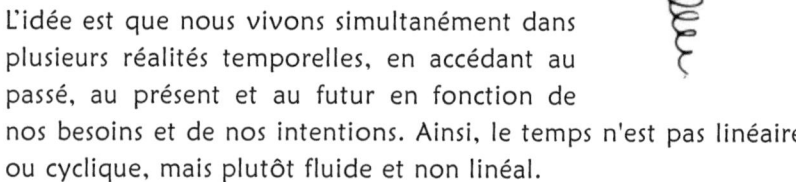

L'idée est que nous vivons simultanément dans plusieurs réalités temporelles, en accédant au passé, au présent et au futur en fonction de nos besoins et de nos intentions. Ainsi, le temps n'est pas linéaire ou cyclique, mais plutôt fluide et non linéal.

Notre relation au temps est subjective, elle varie d'une personne à l'autre, il semble passer plus vite ou plus lentement selon notre état d'esprit et notre vécu.

Comment cela s'organise ?

Observons cette situation :

"Hier au casino du bord de mer, Jojoba a perdu la moitié de son salaire. Ce matin, il boit son café et reconnaît le goût de la marque qu'il déteste... C'est du déca... Il va le cracher dans l'évier !"

Ces deux informations sont d'un point de vue linéaire dans deux espaces différents, la mésaventure au casino dans le passé et l'épisode du café dans le présent.

Mais pour la psyché, les événements ne s'organisent pas de cette façon-là. Le temps n'est pas une ligne qui se déroule d'heure en heure, de minute en minute, ni une ligne qui s'enroulait sur elle-même.

Non ! Pour la psyché, tout est dans le présent, que se soient les événements passés ou les espoirs de demain. Comme l'actualité de l'instant, tout se situe dans le présent pour notre psychisme.

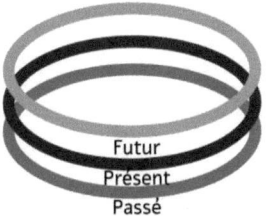

Avant d'aller plus loin, nous allons distinguer le concept du temps en deux approches, une approche extérieure à nous-mêmes et une approche à l'intérieur de notre être.

L'extérieur à nous-même est la notion sociale du temps, l'idée que nous sommes dans un territoire donné dans le même temps. Pour cela, chaque contrée se définit aussi par son échelle du temps. Ainsi les personnes sur le même sol sont dans la même convention.

Cette convention qui marque le même moment pour tous, représente une distance, puisque le temps s'écoule au rythme de la parabole du soleil. La notion de temps se calque sur la trajectoire de l'astre dans le ciel.

Chaque moment de sa course a un repère temporel, notamment

le plein sud matérialisé par le cadran solaire. C'est bien parce que la notion de temps est subjective que nous partageons ainsi les mêmes repères du temps dans l'espace social.

En revanche, pour soi, sur le plan psychologique, notre perception du temps n'est pas ce trajet...

Pour la psyché dynamique, le temps se divise en séquences d'insécurité et d'appartenance. Ces séquences se distinguent par l'écart qu'il y a entre nous et l'environnement. Cette variation de la distance sociale, définit un nombre de moments psychiques en les distinguant par notre implication vers le groupe.

Sur cet axe, je peux m'écarter de l'autre jusqu'à la solitude, tout comme je peux me rapprocher jusqu'à faire corps avec l'autre. Nous avons ici la première notion, soit l'implication avec l'extérieur.

l'Autre

Implication

Moi

La seconde notion est le sentiment de sécurité. Notre psyché dynamique va mettre en mémoire l'intensité que l'on placera dans notre implication extérieure en fonction du danger de la situation.

− SÉCURITÉ +

C'est donc, le danger ou la variation de notre sécurité qui compte.

Le niveau du sentiment de sécurité s'imprègne dans notre mémoire à la hauteur du danger perçu. Cette intensité nous donne l'échelle de la durée de la séquence. Autrement dit, le temps devient subjectif à la qualité de la relation, au sentiment d'appartenance ou à l'insécurité perçue, soit à la confiance que nous avons en l'environnement.

La notion psychologique du temps est totalement spéculative, elle est faite de nos sens et de nos émotions. Pour tenter de percevoir ce phénomène, nous morcèlerons notre perception du temps en différentes séquences selon deux critères... Aux valeurs oscillantes sur les axes "implication" et "sécurité".

Avec ces deux échelles, nous allons définir les différentes séquences de notre perception subjective du temps.

L'implication vers le groupe et la sécurité sont les notions qui définissent la façon dont nous agençons le temps dans notre interaction avec les autres.

En analysant les différents moments d'implication et de sécurité, nous pouvons mieux saisir nos émissions-réceptions avec l'extérieur.

Observons la relation avec l'autre. Elle est unique, puisque différente avec chacune des personnes de nos échanges.

Chaque relation est singulière dans sa manière !

Entre deux acteurs se fabrique un "nous" n'appartenant ni à l'un ni à l'autre. Il est unique pour chacun.

Chaque personne a autant de "nous" que de relations avec les autres. Le cocasse est que ce "nous" n'appartient à personne... Il n'est à aucun des protagonistes.

D'aucun pourrait croire qu'il s'agit d'une copropriété, hé bien, il n'en est rien. Ce "nous" est insécable !

Même fâché, nul ne pourra en récupérer sa moitié.

123

L'implication envers l'autre et le sentiment de sécurité sont deux piliers fondamentaux de la perception de la relation. Ils structurent notre notion du temps qui s'écoule... non pas selon la chronologie, mais selon la variabilité du danger et selon notre besoin à se regrouper, à s'intégrer.

Commençons par la séquence à la plus faible implication et n'ayant pas de danger, soit le retrait ou le repli. Comme on peut le voir sur le schéma, le retrait correspond à une absence d'échange avec les autres. La personne est isolée et absorbée par ses pensées ou ses préoccupations intérieures. Le retrait est un terme qui définit le mécanisme de défense consistant à se retirer émotionnellement d'une situation douloureuse.

Le retrait est une forme de repli sur soi, de méditation, de rétrospective. Il est le moyen de se recentrer, de se ressourcer et de trouver un sens plus profond à la vie. Cette désimplication est une volonté de s'éloigner du tumulte de la vie sociale, des interactions constantes et des stimulations extérieures.
Elle est une quête d'isolement, souvent motivée par un besoin de tranquillité, de réflexion ou de refaire le plein d'énergie.
La séquence du rituel est aussi une séquence qui nous implique très peu. Elle se caractérise par des interactions routinières et banales qui rassurent. Les conversations sont superficielles et n'ont pas d'enjeux réels.

Folaloba, nous en donne ici une description. Elle est dans sa cuisine en train de préparer le petit-déjeuner pour elle et pour son fils. Elle suit une habitude bien établie : elle met d'abord l'eau du thé à bouillir. Puis, elle prépare les tartines et les fruits.

Pendant que le thé infuse, elle prépare le lait, chante une chansonnette à son petit qui est assis dans sa chaise haute en train de jouer avec son doudou.

Une fois la décoction du thé terminée, Folaloba le verse dans un mug et s'assoit. Ils mangent leur petit-déjeuner en silence. L'enfant regarde un dessin animé à la télévision pendant qu'elle lit les nouvelles sur son smartphone.

Une fois le petit-déjeuner terminé, elle débarrasse la table et lave la vaisselle. Ensuite, elle habille le minot et le prépare pour la crèche."

Dans le mode rituel, il n'y a pas d'enjeu réel. Comme pour les habitudes matinales, permettant de commencer la journée de manière organisée et efficace, le rituel est un moment où le temps s'écoule sans vraiment marquer la mémoire et sans concentration. Le moment met le cerveau au repos.

Dans le passe-temps, l'enjeu est faible aussi. C'est le temps de la passion, des hobbies, des marottes, il correspond à des activités agréables et divertissantes. Les interactions sont positives et constructives, mais elles n'ont pas d'objectif précis. L'objet de la psyché dynamique est de produire du passe-temps... de l'agrégabilité !

En revanche, le moment de l'activité, lui se caractérise par des interactions centrées sur un objectif précis. Les personnes sont engagées et impliquées dans ce qu'elles font.

L'enjeu est d'importance puisque généralement cette séquence produit de la ressource. Cette phase de la structuration du temps, au-delà de sa grande durée, mobilise nombre de nos facultés intellectuelles et cognitives. Elle nous consomme beaucoup d'énergie par l'implication et par la production de stress plus importante due à l'exposition au risque social !

La séquence de l'activité est centrale dans le paramètre de la ligne du temps.

Les deux séquences suivantes sont des séquences qui nourrissent notre besoin grégaire (le besoin de faire partie du groupe). Bien qu'elles soient toutes les deux très intenses, elles n'ont pas la même valeur quant à l'épanouissement personnel.

La première des deux... la chikaya consiste à produire des interactions manipulatrices et trompeuses afin d'en tirer un avantage. Il s'agit de l'ensemble des jeux psychologiques, ces moments avec cette arrière-pensée qui sabote la relation et provoque des conflits.

Pendant cette phase, de l'intention au déroulement de la relation, chacun cherche à obtenir un avantage sur l'autre, pour le dominer ou pour prévenir une situation dans laquelle il pourrait être vulnérable (peur de perdre).

Comme nous avons pu le voir dans le DD-RR cela produit une relation infantilisante génératrice de conflits... Elle donne naissance au triangle dramatique décrit par Karpman. Cette séquence fabrique des positions psychologiques qui développent de la dramaturgie.

Voici une Chikaya...

Tourja et Folaloba sont assis sur le canapé après le repas du soir.

- Mais tu n'as pas sorti les poubelles !

    Tu l'avais promis !
    Tu ne fais jamais rien...

- Ce soir je suis complètement cuit... J'ai eu une journée compliquée !

- Merde ! Y a que toi... qui a le droit à la fatigue ?

C'est parti... La dispute s'envenime rapidement.

Chacun fait ses reproches à l'autre. Ils ne s'écoutent plus et ne cherchent pas à comprendre le point de vue de l'autre. Il s'agit de se débarrasser de la cause de la dispute... pour se déculpabiliser !

Cette forme d'interactions manipulatrices et trompeuses, tel le jeu du chat et de la souris, sont des jeux psychologiques. Chacun cherche à obtenir un avantage sur l'autre... pour éviter de se sentir vulnérable. Pourtant, la dispute ne fait que les éloigner... et ainsi chacun se sent de plus en plus isolé et en insécurité.

Pourquoi, alors que la séquence de chikaya nous rend de plus en plus vulnérables... nous continuons à l'alimenter, alors même, que nous sommes de plus en plus en insécurité ?

Nous privilégions souvent, les moments à l'implication sociale forte, à notre sécurité. Effectivement, nous les êtres humains préférons la relation toxique à la non-relation !

Les jeux psychologiques sont ces moments de chikaya qui nous font ressentir que nous sommes vivants, que nous sommes là !

Alors qu'à l'opposé des ces instants "venins", il existe le mode authentique. L'authenticité produit un rapprochement, une intimité à l'intensité épanouissante.

Il s'agit d'un mode suprême d'interaction avec l'autre. Néanmoins, il est beaucoup plus difficile à obtenir qu'on peut le penser. Il se caractérise par des échanges profonds et sincères. Dans ces moments, les êtres sont ouverts et honnêtes l'un envers l'autre.

Les armes et défenses sont posées à terre !

Les sceptiques, nous dirons, qu'il s'agit du monde des Bisounours ! Effectivement, pour ceux qui voudront rester cuirassés et carapacés, il y a de ça...

Pour ceux qui voudront "fendre l'armure", soit se libérer des protections et des masques que l'on a construits pour se protéger des blessures émotionnelles.

Ceux qui auront le courage de dévoiler leur vulnérabilité, leurs forces, leurs faiblesses et leurs émotions authentiques... ceux-là découvriront le développement personnel !

Bien entendu, la société ne prédispose pas à cela... au contraire, la lutte sociale inhérente à l'âpreté économique, est alimentée par un logiciel psychologique, "je veux être choisi".

Cette attente ne crée pas naturellement les conditions d'apaisement et de sécurité nécessaires à l'authenticité. Au contraire, il s'agit de terrasser le statut social de l'autre, ou tout au moins de le dépasser.

Pour atteindre le moment authentique, il faudra se défaire de cette attente biologique ou la mettre en sourdine. Il faudra se défaire de ce logiciel mental : "je veux être choisi".

Débrancher cette attente, même un moment seulement, n'est pas si simple. Ce besoin de validation extérieure est constant, car assouvi, il renforce l'autonomie personnelle.

Quand l'état d'esprit est alimenté par un désir d'approbation et de reconnaissance, il est conduit à rechercher constamment l'élection du groupe, la cooptation communautaire, au détriment de son propre bien-être ou de ses propres choix.

Ce logiciel psychologique est la source de nombreuses tensions sociales entre les individus. Bien que cette attitude puisse parfois sembler normale, elle devient limitante ou néfaste à l'authenticité. Notamment si cette approche devient une obsession ou si elle empêche la personne de se positionner clairement dans ses choix.

Dans cette situation, un travail sur l'estime de soi, l'autonomie émotionnelle et l'affirmation de soi aidera à sortir de cette impasse.

En somme, il s'agira d'ouvrir les cuirasses pour accéder à la sincérité, car il est tout à fait normal de ne pas parvenir naturellement à cet état d'authenticité. Cela nécessite un grand degré de sécurité et une grande implication dans la relation avec l'autre. Le mode authentique se met en place d'abord par l'intention d'y parvenir. Cette nouvelle scène va l'illustrer.

L'équipe est réunie autour de la table pour une réunion concernant une problématique avec un client. Jojoba a demandé à ses collaborateurs de réfléchir à de nouvelles idées pour traiter la demande du client.

- Bon, on y est ! Aujourd'hui, j'aimerais qu'on se concentre sur le problème que ce client nous a soumis. On a besoin d'idées neuves pour continuer à grandir et à se démarquer de la concurrence. Alors, n'ayez pas peur de sortir des sentiers battus et de proposer des idées folles !

Commençons par farfelu bienvenu !
Folaloba est d'accord. On peut commencer par faire un tour de table et chacun peut partager l'idée qui lui vient à l'esprit.

Tourja commence. Moi, j'ai pensé à créer une application qui permettrait aux gens de...

Lolajola l'interrompt. Excuse-moi Tourja, mais j'aimerais d'abord revenir sur ce que Jojoba a dit. Je trouve qu'il est important de ne pas se focaliser uniquement sur la croissance et la rentabilité.

Il est important aussi de prendre en compte les valeurs de notre entreprise et l'impact que nos produits et services ont sur l'environnement.
Jojoba en souriant : "Lolajola a raison. L'innovation ne doit pas se faire au détriment de nos valeurs. Il est important de trouver un équilibre entre la performance économique et la responsabilité sociale."
Folaloba : "c'est vrai. On pourrait par exemple développer une

application qui permettrait de..."

Tourja reprend : "...ou alors, on pourrait créer un site web qui permettrait de..."

La discussion se poursuit pendant un long moment. Les idées fusent de toutes parts. Les membres de l'équipe s'écoutent attentivement et se respectent mutuellement.

Ils n'ont pas peur de partager leurs idées, même si elles sont parfois loufoques. Les interactions sont ouvertes, honnêtes et constructives entre les membres de l'équipe, chacun se sent en sûreté. Ils sont engagés et impliqués dans la sécurité de chacun et cherchent à trouver des solutions ensemble.

Le mode authentique permet de générer des idées innovantes, de renforcer la cohésion d'équipe et d'améliorer la satisfaction de chacun.

Pour la psyché, le temps est une séquence dans laquelle nous agençons le moment selon notre implication dans la situation sociale en mesurant le degré par notre perception du danger que nous éprouvons dans ce moment-là.

Ce fonctionnement structure le temps en six moments.

De la position la moins impliquée avec le milieu, le retrait... à la position la plus impliquée vers l'autre, soit l'intimité.

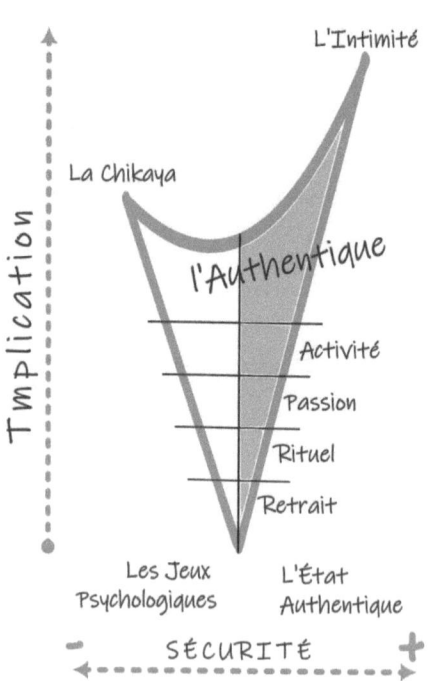

L'authenticité est cette séquence très impliquée vers l'autre, elle ne signifie pas de s'oublier ou d'oublier ses enjeux personnels, pas plus que de magnifier ceux de l'autre. L'authenticité est cette action d'établir réellement un état sincère et loyal malgré des enjeux opposés.

Ici, cette discussion animée illustre la chose, malgré des positions contradictoires... la conversation se déroule selon le mode authentique.

Folaloba est une jeune femme passionnée d'art, âgée de 25 ans, idéaliste et sensible. Tourja est un homme d'affaires pragmatique, âgé de 30 ans, réaliste et ambitieux.

Les deux sont assis face à face, dégustant un des meilleurs thés du Tibet d'une brasserie parisienne. Leur conversation, initialement légère et amicale, vire sur un sujet sensible...

L'impact de l'art sur la société.

- Je suis convaincue que l'art est essentiel pour l'épanouissement humain. Il nous permet de transcender nos réalités quotidiennes et de toucher à quelque chose de plus profond, dit-elle.
- Je comprends ton point de vue, mais je pense que l'art n'est pas une priorité dans notre monde moderne. Il y a des problèmes plus urgents à résoudre comme la pauvreté et la faim.
- Mais l'art peut justement nous aider à comprendre et à résoudre ces problèmes ! Il nous donne une voie pour exprimer nos émotions et nos idées et peut nous rassembler autour de valeurs communes.
- Je ne suis pas sûr que ce soit si simple. L'art est souvent subjectif et peut être interprété de différentes manières.

Il peut même être utilisé pour manipuler les gens.

- C'est vrai qu'il y a des dérives, mais je crois que le potentiel positif de l'art est bien plus grand. Il peut nous inspirer, nous motiver et nous donner l'espoir d'un monde meilleur.

- J'admire ton optimisme, mais je suis plus terre-à-terre. Je pense qu'il faut d'abord s'occuper des besoins matériels des gens avant de...

- Je ne suis pas d'accord ! L'art n'est pas un luxe, mais une nécessité. Il nourrit notre âme et donne du sens à la vie. Les tribus les plus reculées en sont aussi très friandes.

- Je respecte ton opinion, mais je ne la partage pas entièrement. Je pense qu'il faut trouver un équilibre entre l'art et la réalité.

La discussion se poursuit, animée, mais respectueuse.

Folaloba et Tourja ne parviennent pas à se mettre d'accord, ils apprécient la richesse de leur échange et la sincérité de leurs opinions. Ils sont ouverts et honnêtes l'un envers l'autre et respectent leurs points de vue divergents.

L'authenticité n'est pas le consensus, il s'agit d'être sincère dans les analyses, d'être sincère dans les idées.

La différence est d'importance entre défendre ou attaquer une idée et le faire vers une personne. Ce n'est pas la même chose que d'attaquer un être ou une idée.

En posant nos différends seulement sur les idées de notre interlocuteur, il ne se sent pas en danger et les points de vue s'enrichissent !

Pourquoi, les interactions entre ces personnages sont profondes et authentiques ?

Leur niveau de peur dans la situation est faible, du fait qu'aucun des deux ne met l'autre en danger ou en situation de perdre.

Le mode authentique est un mode précieux pour les relations humaines, il permet de créer des échanges constructifs et enrichissants, même lorsque les opinions divergent.

Comme nous pouvons le voir, la ligne du temps, cette seconde intensité de la fascine des acuités, est faite de nombreux facteurs.

La façon dont nous intégrons le passé, le présent et le futur dans notre psyché a un impact profond sur notre bien-être mental. S'il est trop ancré dans le passé, il peut entraîner de la rumination, de la tristesse et de la colère.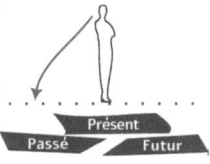

Tout comme vivre uniquement dans le présent peut nous amener à manquer de planification et à prendre des décisions impulsives.

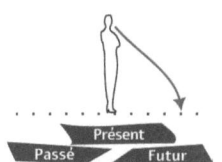 À être trop focalisé sur le futur, nous nous proposons une diffusion d'anxiété, de peur et même un sentiment d'insuffisance.

Pour retrouver un équilibre entre les trois dimensions temporelles, nous devons accepter le passé inchangeable... nous devons tenter de vivre pleinement le présent et essayer de planifier l'avenir de manière réaliste et optimiste.

Comment faire pour mieux organiser cette ligne du temps dans notre psyché ?
Les techniques foisonnent !
L'écriture d'un journal peut nous aider à explorer les pensées et les sentiments liés à la ligne du temps.

Le fil des notes au jour le jour, nous aidera à identifier les schémas toxiques et à mieux comprendre les éléments qui nous nourrissent. Se fixer des objectifs pour l'avenir ou utiliser des techniques d'organisation et de gestion du temps, améliore grandement notre structuration du temps.

De nombreux outils nous donnent une orientation, une motivation et qui nous aidera à prendre de la hauteur sur la notion de temps.

N'observons-nous pas les choses de trop près ?

La psyché dynamique est complexe, elle est composée d'informations uniques à chacun, liées à notre vécu. Comme nous venons de l'appréhender, les influences de la ligne du temps modifient avec la psyché dynamique.

Pour approfondir le sujet, intéressons-nous à l'approche de Lacan.

Comme ce passage est le plus ardu, il est possible d'aller directement à la suite sans pour autant perdre le fil du sujet du livre...

Le modèle de Jacques Lacan et de son nœud borroméen !

Borroméen, parce qu'il s'agit des armoiries d'une noblesse italienne ayant ce nom de famille, et dont le blason est composé de trois cercles liés entre eux. Ce nœud a la particularité de se défaire si l'on coupe un des trois cercles...
Cette propriété est le symbole de cette métaphore.
Alors que les trois anneaux sont liés entre eux, ils sont assemblés de telle manière qu'en défaire un, défait l'ensemble.

Jacques Lacan décrit la psyché comme un univers combiné où la notion du temps occupe une place particulière. Il s'éloigne d'une conception linéaire et objective.
Il propose une approche structurale et subjective du temps avec cette symbolique, mettant en lumière ses liens profonds avec l'inconscient et le désir.
Le nœud borroméen est une structure analogique du rapport de la psyché au Réel, au Symbolique et à l'Imaginaire, pour Lacan.
Ces trois états noués entre eux présentent la même particularité que le symbole du blason italien. Ainsi si l'on défait l'un d'entre eux, les deux autres se désolidarisent aussi.

Lacan nous dit que le Réel représente l'insaisissable dans son immensité, l'impossible à symboliser, ce qui échappe à la représentation et à la prise de conscience. Il est associé au trauma, à l'angoisse et à la castration.

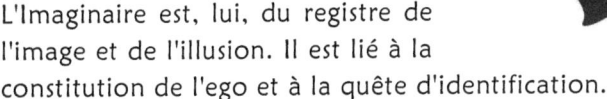

Le Symbolique est de l'ordre du langage, de la structure et de la loi. Il permet de se représenter le monde, mais il ne peut jamais saisir pleinement le Réel.

L'Imaginaire est, lui, du registre de l'image et de l'illusion. Il est lié à la constitution de l'ego et à la quête d'identification.

Avec ce nouage particulier, Lacan associe les trois instances psychiques comme le sont les trois anneaux. Si l'une d'entre elles venait à défaillir, les deux autres s'effondreraient également. Cette vision intriquée des trois temps produit une cohérence entre le symptôme, l'angoisse et l'inhibition. Par cet ensemble, il définit une relation au temps subjective.

Ce symbole enchevêtré nous permet d'approcher et de comprendre la complexité de la structure psychique et d'y inclure les subtilités du paramètre, qu'est la ligne du temps.

La spéculation borroméenne de Lacan peut être rapprochée à la construction des couleurs... Toutes les couleurs perçues par notre cerveau sont composées de rouge, de vert et de bleu..

Mélangeons-les !

En allant à l'infime et nous obtenons 16 millions de couleurs possibles pour notre œil.

Quelle magie, à partir de la quantité initiale de chaque couleur, nous obtiendrons une couleur résultante unique parmi les 16 millions de couleurs !

Chaque couleur initiale, RVB pouvant varier de 256 degrés pour l'œil humain. Ainsi chaque couleur obtenue est une composition unique des valeurs des trois couleurs initiales (rouge, vert, bleu).

Dans chaque nouvelle couleur obtenue, il y a une proportion précise de ces trois couleurs de base, les liées entre elles par les valeurs initiales, les quantités définies avant le mélange.

Si l'on change la quantité initiale d'une seule couleur, le lien n'est plus le même, la couleur précédente se défait et nous obtenons une chose nouvelle, une nouvelle couleur !

Il en va de même avec le nœud borroméen de Lacan comme pour les couleurs, si nous modifions le niveau du symptôme, de l'angoisse ou de l'inhibition nous obtenons un nouveau comportement pour une même situation. Toute la fragilité de notre singularité est dans la fragilité de cet l'assemblage entre les trois temps. Les propriétés de la coalition du départ font que nous sommes unique.

Les liens entre le réel, le symbolique et l'imaginaire sont solidement noué, et pour autant ils sont aussi extrêmement fragile, puisque cala dépend de la solidité du lien de chaque état à la coalition. Si l'un d'entre eux change... l'ensemble n'est plus le même !

C'est cette fragilité que l'inconscient protège, elle est la principale source de résistance au changement. Changer notre perception de notre vécu par un travail sur soi... avec un travail en ville, produit un changement de la place du symptôme construit dans le passé dans notre psyché...

Si ce changement se produit, de fait, l'ensemble est un nouvel assemblage... les liens précédents sont défaits pour une nouvelle alliance.

Toute notre résistance au changement... est concentrée dans cette fragilité, elle est cœur de cet amalgame que représente le nœud borroméen.

L'objet de la résistance est de nous protéger de cette faiblesse... car une fois défait, que se passera-t-il ?

La résistance de l'inconscient au changement pour conserver autant que possible notre exception, notre particularité d'assemblage du temps, est notre principale difficulté à faire évoluer nos comportements. Comment parvenir à changer alors que l'inconscient tout entier est arque-bouté sur le fait de ne rien changer !

Lacan en liant les trois temps : passé, présent, futur, à partir des valeurs du réel, du symbolique et de l'imaginaire de façon unique, il nous définit dans notre singularité. Cette combinaison est totalement propre à chacun et spécifique à notre être.

Le nœud est fait de l'amplitude de chaque élément réuni et qui, contrairement aux trois couleurs, disposent chacun non pas de 256 degrés, mais de milliers de graduations. Nous sommes ainsi des êtres uniques, malgré le nombre gigantesque de milliards d'individus.

Lacan donne au présent la dimension psychique de l'imaginaire, il est structuré par l'image et l'identification. Il s'agit d'un monde de représentations, d'illusions et de fantasmes, où le sujet se constitue en se projetant.
Ce registre est fondamental pour le développement de l'ego et la construction de l'identité.

L'Imaginaire est étroitement lié à l'instant présent, car il offre au sujet, l'illusion d'une complétude et d'une maîtrise. Le sujet se perçoit comme unifié et tout-puissant, baignant dans une fausse sensation de plénitude.

C'est une illusion !

Cependant, cette illusion de complétude et de toute-puissance est par nature fragile et éphémère, parce que l'imaginaire est d'une temporalité immédiate, centrée sur le présent.

Le passé et le futur ne sont dans le présent que dans la mesure où ils sont représentés dans l'imaginaire. Ainsi, ils sont idéalisés afin de correspondre à l'image que le sujet souhaite se donner à lui-même. L'ensemble construit le paramètre la ligne du temps.

Tous ces éléments forment chaque séquence de ce paramètre temporel, se mélangeant au présent et faisant émerger des barrières psychologiques nous empêchant d'agir.

Nous aurons compris que le nœud borroméen de chacun est singulier. Il est construit de morceaux d'épreuves vécues, mais aussi de l'anxiété des moments à venir... L'ensemble, dans sa cohérence diffuse un venin érigeant des barrières inattendues et autres entraves à nos désirs. Ces barrières peuvent être des plus saines dans nombre de cas, mais elles peuvent aussi ne servir à rien... Alors il est temps qu'elles disparaissent !

Et pourtant elles apparaissent spontanément comme les formes d'un banc de poissons chassé par un squale.

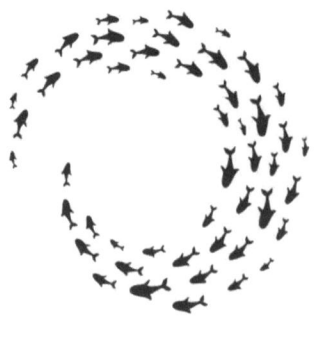

L'émergence à partir de la ligne du temps a un impact profond sur nos arbitrages, elle est un concept fascinant qui nous aide à entrevoir la complexité de la psyché.

Ainsi les trois séquences sont solidement assemblées et font sens à notre interdit. Dans cette situation, toute la ligne du temps semble être cohérente et agencée de façon incontestable.

Ainsi, elle produit l'inhibition dans laquelle le sujet vit son marasme et l'interdiction à son désir.

Comme nous l'avons vu dans cette approche, le passé est l'inconscient, l'indicible, échappant à notre compréhension rationnelle. Le futur est fait de symboles construits par le langage, la culture, voire les lois qui structurent notre territoire.

Le présent est cet imaginaire qui a pour objet de produire une complétude pour nous-mêmes. Il organise ainsi notre perception du temps en béquille, afin de parvenir à remplir la vacuité qui nous fait chanceler.

Cet imaginaire se construit, inspiré par nos manques et produit une image de notre réalité fantasmée du monde. Le vrai de cette construction, est qu'elle est façonnée par nos véritables perceptions, désirs et fantasmes.

L'ensemble constitue le paramètre émergent de la ligne du temps. Des propriétés nouvelles et inattendues apparaissent à partir de l'interaction des séquences, le tout créant un ensemble cohérent, bien plus grand que la somme des parties initiales en présence, comme pour les couleurs RVB (rouge,vert,bleu).

Pour terminer avec cette approche, Lacan considère que la sexualité n'est pas simplement une question de biologie ou de reproduction.

Il met en lumière la différence ténue, pour le commun des mortels, entre le désir humain et sa relation à la procréation. Évidemment, la théorie lacanienne est ardue et même parfois controversée. Il s'inscrit dans la veine philosophique de Freud...

Lacan voit dans le désir la conséquence d'une force structurante du psychisme humain, qui se manifeste dès la naissance et joue un rôle crucial dans le développement de l'identité et de la subjectivité.

Elle est cette force émergente qui surgit de la pièce d'à côté. Elle est source du manque et du désir, elle s'exprime au travers d'un langage symbolique et de fantasmes inconscients.

Ce paramètre qu'est la ligne du temps et l'approche du psychisme de Jacques Lacan, est très éclairant, notamment dans les éléments répétitifs de nos scénarios de vie.

Pour ceux qui souhaiteront approfondir le sujet, je les renvoie à son œuvre, comme pour tous les auteurs cités dans cet ouvrage.

La Fascine des Acuités- La Psyché Dynamique

La Carte de la Liberté

Tourja fume sa clope à la porte dérobée de l'atelier... C'est là que viennent fumer à la pause, tous ceux de l'administratif.

Ce matin, Folaloba et sa collègue discutent "Baudelaire" !

Pour montrer à tous sa grande culture... avant elle était instit ! Folaloba se met à clamer : "Là, tout n'est qu'ordre et beauté..."
"... Luxe, calme et volupté." enchaîne Tourja le machiniste en bleu de chauffe.
- Mais c'est qu'il connaît "Baudelaire" ! Éructe Folaloba.
- Et oui... l'habit ne fait pas le moine, pas plus que le bleu de chauffe, le poète ! Dit-il.

Avec ce troisième candidat au paramétrage de la psyché dynamique, nous aurons une approche inverse.

Dans la ligne du temps, au fur et à mesure de l'investigation... de nouvelles données enflait le paramètre en question.

Avec ce paramètre-ci, nous réduirons les informations, afin d'arriver à un résumé maximum possible, tout en gardant la teneur et le sens intacts.

Il s'agira de simplifier au maximum les informations pouvant définir une situation donnée, mais en gardant le sens et l'essence des circonstances.

Explorons les éléments de base en présence. Quels sont les éléments indispensables qui constituent l'information minimale dans une situation donnée ?

Cette question est complexe et fascinante à la fois. Elle touche à la nature même de l'information, de la connaissance, de la réalité. L'idée principale est que l'information incompressible capture l'essence même de ce qu'est une situation, de ce qu'est un comportement, de ce que sont les acteurs et leur environnement.

En d'autres termes, l'information incompressible restitue les aspects les plus fondamentaux et irréductibles, défaits de tout détail superflu ou redondant. Soit ce qui définit un être, une fois dépouillé de tout !

Pour ce faire, nous allons utiliser les travaux d'Eric Berne, psychiatre américain, père de l'analyse transactionnelle.
La carte de la liberté décrit l'ensemble des positions dans un environnement, soit les positions de vie.
Berne nous dit qu'il existe quatre positions possibles, qu'il construit à partir de deux injonctions : OK et NOOK.

Les positions d'accord et pas d'accord pour la personne et les positions d'accord et pas d'accord pour l'environnement.

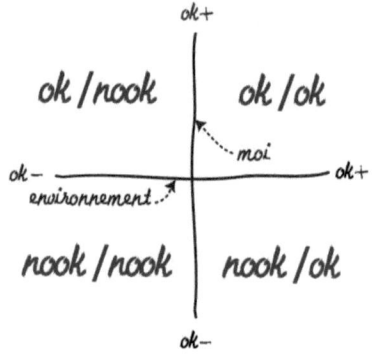

Nous avons là quatre situations formées par les quatre possibilités de relations entre nous et notre milieu.

Ces quatre possibilités sont occupées de façon variable, par moment, faisant des points précis pour chaque moment. L'ensemble de ces points formant un nuage.

Sur ce schéma, en fonction de notre perception de la réalité, nos situations prennent une valeur plus ou moins grande dans chacune de ces positions. Bien entendu, il est rare qu'une valeur soit tout ou rien. Les positions sont prises par des instantanés, elles forment ainsi un nuage de points fait de nos préférences.

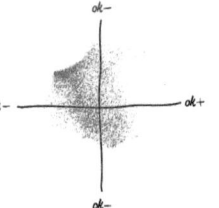

Ce nuage est un ensemble de ressentis vrais surgissant des situations vécues. Il produit une émotion résultante nuancée de l'ensemble des positions. Ainsi, nous percevons une émotion résumant le total... de notre perception de la situation réelle.
C'est en cela que l'émotion de la séquence est vraie !
Vraie pour notre perception.

L'information ainsi posée est très pertinente et ne peut pas être réduite sans perte de sens, car elle est incompressible.

En somme, nous avons en nous dans notre psyché un assemblage de quatre valeurs précises qui définissent notre position exacte, ou presque, avec l'environnement.
D'où l'idée d'information incompressible.

Bien entendu, ces valeurs sont dynamiques et elles se modifient en fonction des positions que l'on prend ou que l'on subit.
Elles participent à la psyché dynamique, mais elles produisent aussi des raideurs dans les amplitudes apprises et préférentielles, raideurs qui construiront toute notre résilience... cette capacité à revenir au formatage initial de l'enfance.

De quoi ces quatre valeurs sont-elles composées ? :
    1 - OK-NOOK **(+/-)** l'individu veut réaliser son désir. Il met de l'énergie pour convaincre. Surgit, alors l'émotion de colère, même si elle n'est pas exprimée !
    2 - NOOK-NONOK **(-/-)** l'individu se dévalorise et dévalorise également les autres. J'abandonne... le monde ne vaut

rien... l'émotion qui m'envahit est la tristesse.

3. NOOK - OK **(-/+)** l'individu se dévalorise tout en valorisant les autres. Je me sens inférieur aux autres, l'émotion de peur me submerge.

4 - OK - OK **(+/+)** l'individu se sent ayant de la valeur et digne de respect. Il a confiance aux autres... l'émotion de joie émerge.

Chaque position produit une émotion spécifique en corrélation à la position de vie prise. La Colère, la Tristesse, la Peur, la Joie, ainsi se forme une table de mixage à quatre curseurs.

Ce compilateur des valeurs des quatre positions, peut se comparer à une musique à quatre instruments, créant ainsi une fois mélangée une nouvelle texture sonore, soit l'émotion singulière que l'on ressent.

Ce compilateur de positions nous définit et influence la psyché dynamique dans un cycle de cause en conséquence et vis versa... nous produisons en amont les éléments qui nous permettent de fabriquer en aval notre position de prédilection.

Ainsi la carte de la liberté influence nos interactions avec les autres et module à sa convenance notre perception du monde qui nous entoure.

Notre position de vie a un impact sur notre attitude physique et sur notre place dans l'environnement social. Si l'on est au centre d'un groupe, on est plus susceptible de prendre la *ok+* parole et d'assumer un rôle de leader.

À l'inverse, si nous sommes en retrait, nous risquons de nous sentir plus timides et moins enclins à participer. *moi*

Notre position de vie agit sur notre langage corporel, sur notre posture, sur nos gestes, sur nos expressions faciales, sur notre état d'esprit et sur nos intentions.

Un langage corporel ouvert et détendu indique *ok-*

généralement que l'on est accessible et amical, tandis qu'un langage corporel fermé et rigide peut suggérer que nous sommes distants ou hostiles.

Notre position de vie influence notre statut social. Les relations avec les autres personnes dans un milieu donné peuvent également définir notre position. Si l'on a des relations solides avec des personnes influentes, l'on est plus susceptible d'être respecté et écouté. À l'inverse, si l'on est isolé ou en conflit avec les autres, nous risquons d'être marginalisés ou ignorés.

Notre position de vie a un impact sur notre psychologique, sur notre personnalité, sur nos traits de caractère et nos valeurs. Elle influence la façon dont nous interprétons les situations et interagissons avec les autres.
Une personne extravertie et sociable est plus susceptible de se sentir à l'aise dans un espace donné et de s'engager avec les autres. Tandis qu'une personne introvertie et réservée peut préférer, observer et écouter.

De même si l'on croit que les gens sont fondamentalement bons, nous sommes plus susceptibles de faire confiance aux autres et de nous engager dans des relations positives.
À l'inverse, si l'on croit que les gens sont fondamentalement mauvais, nous risquons d'être plus méfiants et sur la défensive.

Notre position de vie modifie nos valeurs et nos croyances et par une action de mimétisme

agit sur les gens qui nous entourent. Elle influence notre comportement et nos interactions et celles des autres par contagion... nous sommes nous-mêmes influencés par celles des autres.

La carte de la liberté a des implications profondes sur notre compréhension de la réalité. Elle suggère que la réalité est intrinsèquement informationnelle et que l'information est à la base de l'existence, même, des personnes et de leurs interactions.

L'idée que les positions de vie pourraient être considérées comme des candidates à l'information incompressible est une perspective fascinante. Notre système de ressenti nous donne toute l'information pertinente des circonstances sous la forme la plus sobre... Soit l'émotion !

Entrons dans le vif du sujet et examinons chaque position de vie.

La position ok/nook est une situation dans laquelle nous avons un désir qui est empêché par l'environnement.

Cette frustration est une émotion normale et saine. Elle produit en nous un sursaut d'énergie qui se matérialise par de la colère, colère qui peut s'exprimer de différentes manières.

Elle peut ainsi être dirigée vers la source de la frustration ou vers d'autres objets totalement innocents.

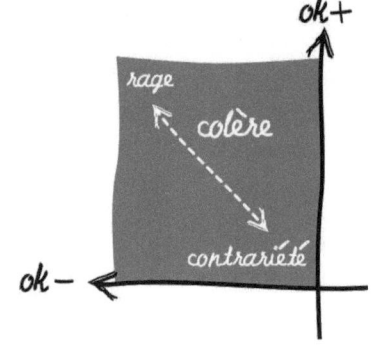

Par l'afflux d'énergie qu'elle produit, la colère déclenche une série de réactions physiologiques dans notre corps. Ces réactions incluent une augmentation de la fréquence cardiaque, de la tension artérielle et de la production d'hormones comme l'adrénaline et nous préparent à agir. Cette poussée d'énergie déclenche la volonté de produire une action contre l'environnement qui est la source de la frustration.

Voici un cas l'illustrant :
Depuis son plus jeune âge, Folaloba a l'impression d'être invisible.

Ses frustrations enfouies ont grandi en elle comme une plante parasite, s'enracinant profondément dans son être. Au fil des années, elle a appris à réprimer ses émotions, à les enfouir au plus profond d'elle-même. Mais cette colère, cette frustration, due à la mise à l'écart... d'être constamment mise de côté, n'a jamais vraiment disparu.

Lors d'une réunion de famille, sa sœur Lolajola reçoit tous les compliments pour ses réussites professionnelles. Folaloba, qui a, elle aussi, accompli de grandes choses. Elle se sent une nouvelle fois négligée. Une colère sourde monte en elle, une colère qui n'est pas seulement dirigée contre sa sœur, mais contre toutes ces années où elle s'est sentie invisible.

Cette colère, bien qu'ancienne, est toujours aussi vive. Elle lui rappelle que certaines blessures ne cicatrisent jamais complètement. Mais elle lui rappelle aussi l'importance de reconnaître ses émotions et de chercher à les comprendre. En confrontant ses démons, Folaloba espère enfin trouver la paix intérieure qu'elle mérite.

La colère est une émotion cohérente. Elle est utile dans certaines situations, afin de nous motiver à nous défendre et à protéger ceux que nous aimons. Cependant, en fonction de l'intensité de la frustration, elle peut aller de l'intensité d'une contrariété à de la rage exterminatrice. Il faudra faire appel à son intelligence sociale pour la gérer de manière saine et éviter qu'elle ne soit destructrice.

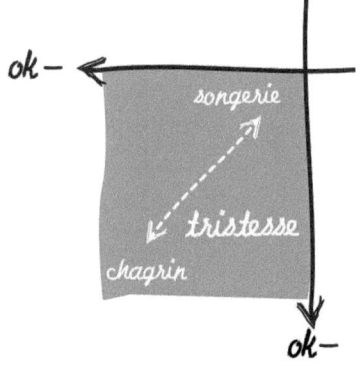

Abordons maintenant, un autre moment de vie...

Alors que l'environnement reste le même que dans la précédente situation, soit opposé à notre désir. Nous sommes dans une autre position, celle où nous aussi, nous ne sommes pas d'accord, soit nook. La position devient alors nook/nook !

Il s'agit de la situation dans laquelle nous avons, comme dans la première position, un désir qui est empêché par l'environnement, mais, comme nous ne parvenons pas à obtenir ce que nous voulons, notre position change !

Puisque l'environnement s'oppose à notre désir... La frustration et la souffrance parviennent à nous faire lâcher notre envie, notre désir et nous passons dans une autre position de vie nook/nook !

Elle se résume ainsi : je ne suis pas d'accord et le monde ne vaut rien. Dans cette position, nous sommes envahis par la tristesse. Elle est une émotion souvent perçue comme une émotion négative.

En réalité, elle joue un rôle important dans notre bien-être émotionnel et psychologique. Elle nous permet de lâcher prise. La tristesse nous permet de traiter les émotions difficiles liées à des événements douloureux ou stressants. Elle nous donne l'espace et le temps nécessaires pour faire le deuil de nos pertes, d'accepter nos déceptions et de surmonter nos blessures.

Pour Lilavoya, devenir grand maître d'échecs, est un rêve. Elle passe des heures à étudier les ouvertures, à analyser les parties des champions, à se perdre dans les subtilités de ce jeu qu'elle considère comme une forme d'art.

Elle a une mémoire prodigieuse pour les combinaisons, une intuition qui lui permet de voir plusieurs coups à l'avance.

Mais à l'âge de seize ans, un accident l'a privée de l'usage de sa main droite, celle qu'elle utilise pour jouer.

Les années ont passé et Lilavoya a appris à vivre avec son handicap. Mais à chaque fois qu'elle passe devant un échiquier, une vague de tristesse l'envahit. Elle se souvient de ses rêves de jeunesse, de toutes les heures passées à étudier les ouvertures, de la sensation du bois des pièces sous ses doigts. Elle se sent comme un oiseau en cage, incapable de s'envoler vers les sommets qu'elle a tant espérés.

Cette frustration ancienne, loin d'être oubliée, s'est transformée en une tristesse profonde, un regret constant. Elle se demande souvent ce qu'elle serait devenue si son rêve n'avait pas été brisé.

La tristesse agit comme un signal d'alerte interne, nous indiquant qu'un besoin n'est pas satisfait ou qu'un problème requiert notre attention. Elle peut être causée par des événements externes (perte, deuil, injustice) ou internes (manque d'estime de soi, sentiment de solitude).

En reconnaissant et en acceptant notre tristesse, nous pouvons mieux identifier ce qui nous cause du chagrin et prendre des mesures pour y remédier.
La tristesse renforce notre résilience, elle nous confronte à nos sentiments difficiles et nous aide à développer des mécanismes d'adaptation plus solides face aux épreuves.
Elle nous permet aussi de mieux comprendre nos limites et nos besoins, ce qui nous rend plus aptes à faire face aux défis de la vie.

La tristesse peut également avoir un impact positif sur notre créativité. En nous connectant à nos émotions profondes, elle nous inspire pour créer, en musique, en écriture ou en d'autres formes d'expression artistique qui explorent la condition humaine.

De plus, elle renforce notre empathie envers les autres qui souffrent. En comprenant notre propre tristesse, nous comprenons mieux ceux qui traversent des moments difficiles.

La tristesse est aussi un signal d'alerte adressé à notre entourage, indiquant que nous avons besoin de soutien et de connexion.

Elle nous permet de nouer des liens plus profonds et authentiques avec les autres.

La tristesse peut nous inciter à chercher de l'aide professionnelle si nécessaire. Elle nous permet d'accéder à des outils et à des stratégies pour mieux gérer nos émotions.

Il est important de souligner que la tristesse ne doit pas s'installer durablement. Si elle persiste et interfère avec notre vie quotidienne. Il est temps alors, de s'en préoccuper.

La tristesse est une émotion humaine normale et il n'y a pas de honte à la ressentir. Selon son intensité, elle produit de la songerie jusqu'au chagrin.

En ayant une attitude d'accueil et en l'acceptant, nous pouvons en tirer des leçons de vie et en faire une force positive dans notre existence.

D'autant que cette position de vie est celle souvent espérée par Maman... Avec le fameux : "Sois sage !"

Pour continuer l'inventaire de la carte de la liberté, nous allons passer dans une nouvelle position de vie, celle où l'environnement est d'accord... Alors que je ne suis pas d'accord !

La position nook/ok !

Pour mieux comprendre l'émotion qui va se déclencher, nous devons d'abord mieux la définir.

Si l'environnement est d'accord, autrement dit, s'il a un désir pour moi, alors que nous sommes dans la configuration où ce désir ne me convient pas, où je n'en veux pas !

Alors le «je ne suis pas d'accord» va déclencher un flux émotionnel fort : la peur !

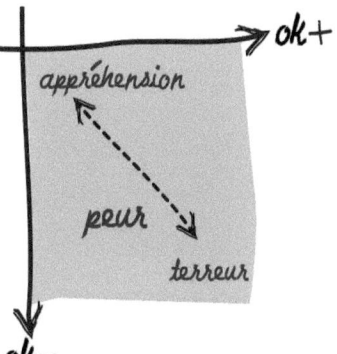

La peur est une émotion complexe qui résulte de cette attente de l'environnement posant son désir sur nous. L'extérieur souhaite la soumission et cela déclenche une réaction automatique... La peur !

Cette réaction interne est orchestrée par le système nerveux et implique la libération d'hormones telles que l'adrénaline et le cortisol. Ces hormones provoquent une série de modifications physiques. Une augmentation de la fréquence cardiaque et de la tension artérielle, une contraction des muscles, une transpiration accrue, une dilatation des pupilles, une redirection du flux sanguin vers les muscles et les organes vitaux.

Ces changements physiques nous préparent à agir face au danger. Alors deux situations alternatives peuvent se produire, combattre ou fuir.

- Si combattre est choisi, la position de vie change, nous nous retrouvons dans le premier cas générateur de la colère.

- Si nous restons dans cette position nook/ok, alors notre être se prépare à fuir pour nous protéger de la menace.
Bien qu'elle soit le sujet de railleries sociales, la peur est une émotion des plus saines, elle nous protège !

Dans cette histoire, Tourja est fasciné par les océans, il contemple les vagues qui s'écrasent sur les rochers...

Lors d'une baignade en famille, alors qu'il n'avait que trois ans, une vague plus forte que les autres l'a emportée. Il a bu la tasse et a perdu connaissance.

Cette sensation de perdre pied, d'être entraîné dans les profondeurs, l'a terrifié. Même si son père l'a rapidement ramené sur le sable et l'a réconforté... ce souvenir s'est gravé dans son inconscient.

Aujourd'hui, Tourja évite soigneusement les étendues d'eau. La vue d'un océan, même depuis la plage, lui provoque une angoisse intense. Cette peur, bien qu'irrationnelle, est profondément ancrée en lui. Il sait que les risques de se noyer sont minimes, mais il ne parvient pas à surmonter cette angoisse primitive. Cette peur est devenue une véritable prison, l'empêchant de profiter pleinement de la vie.

Du point de vue psychologique, la peur est influencée par nos expériences et nos croyances. Si nous avons déjà vécu une situation qui nous a causé du tort, nous pouvons éprouver de la peur face à des moments ressemblants. La peur peut nous envahir dans des endroits ou des situations que nous associons au danger.

Ces circonstances vont l'illustrer.
Le zing-zoug des essuie-glaces battait à un rythme incessant. La pluie n'aspergeant plus le pare-brise, puisqu'elle était entrée sous les néons du parking désert. Folaloba frissonne, resserrant son manteau autour d'elle, le souvenir soudain des bois sombres lui glace le dos.
Alors qu'il y a plusieurs années déjà, quand dans un bois baigné par le soleil, dans la tranquillité de la nature, elle s'était faite alpaguer par une ombre immense.
Le salaud l'avait jetée au sol, la coinçant de tout son poids.

Elle ne se laissa pas faire, ripostant par de nombreux coups, mais il était trop puissant. Il lui avait arraché son sac, l'avait fouillée pendant qu'il la maintenait immobilisée sous son corps. Il voulait sa carte de crédit qu'il cherchait frénétiquement.

Maintenant, il lui demandait le code... Elle refusa !
Avec ses grosses mains calleuses, il déchira sa manche.
Comprenant qu'il était déterminé, elle lâcha le code. Mais lui
voulait une preuve... Dans la panique, elle lui montra l'arrière du
carnet sur lequel il était noté.

L'odeur des aiguilles de pin, qui remplissaient alors ses poumons
pendant qu'elle vivait le chaos, traverse encore ses narines.

En sortant de son véhicule, l'éclat cru des lumières du parking la
tétanise ! Cet aveuglement instantané la paralyse !

Elle trébuche et tombe à genoux, ses jambes sont en coton et des
larmes coulent sur son visage. Ses émotions anciennes sont
réactivées, elles sont intactes, remises au présent, telles qu'elles
ont été vécues.

Elle se relève...

Elle vient de reprendre ses esprits, elle est sortie de cet espace
glauque. Elle est là dehors, debout et fière sous son parapluie...

Elle vient seulement d'avoir eu peur... eu peur, de cette peur qui,
comme un élastique temporel, vient l'envahir et la faire souffrir
avec ses souvenirs si moches et si sordides.

Nos schémas de pensée peuvent jouer un rôle dans l'émergence
de l'émotion de peur. Si notre tendance est d'être anxieux du fait
de vieux ancrages, nous sommes plus susceptibles d'interpréter les
situations comme étant dangereuses et d'éprouver de la peur.

La peur est une émotion normale et saine qui nous aide à rester
en sécurité. En fonction des situations, de l'intensité qu'elles
provoquent en nous, nous pouvons aller de la simple
appréhension à la terreur et à l'effroi.

Il est important de veiller à ce que la peur ne soit pas excessive, ni irrationnelle, afin qu'elle ne devienne pas un problème plus grave.

La peur joue un rôle crucial dans notre survie et notre bien-être. Loin d'être inutile, elle agit comme un mécanisme de protection salvateur en nous permettant d'identifier les dangers et les menaces. Elle sert de signal interne, nous alertant sur les situations potentiellement dangereuses.

La peur peut nous motiver à adopter des comportements prudents afin de minimiser les risques et de protéger notre sécurité. En nous exposant à des situations contrôlées et stimulantes, la peur peut nous aider à apprendre et à nous adapter. En affrontant nos peurs de manière progressive et sécurisée, nous pouvons développer des compétences d'adaptation et augmenter notre tolérance à la frustration et au stress.

La peur peut paradoxalement stimuler la créativité et l'innovation en nous poussant à sortir de notre zone de confort et à explorer de nouvelles approches. Elle peut nous amener à trouver des solutions originales et ingénieuses aux problèmes que nous rencontrons.

En comprenant nos propres peurs, nous développons une plus grande empathie et compassion envers les autres qui vivent des situations difficiles. Cela nous permet de mieux développer notre empathie en percevant mieux leurs émotions et de leur offrir un soutien plus approprié.

Nous venons d'aborder les trois émotions qui tissent la plupart de nos interactions avec notre milieu, ces positions de vie qui sont les plus fréquentes. Mais il existe aussi une quatrième position, un quatrième choix dans nos situations...

Voici la quatrième position de vie du paramètre la carte de la liberté...

La joie !

Comme nous l'avons vu dans les autres positions, la naissance de l'émotion est due à l'interaction entre le sujet et son environnement.

Ici, les deux parties internes et externes sont en accord, l'évaluation cognitive de la situation déclenchant une réponse émotionnelle spécifique : "la joie".

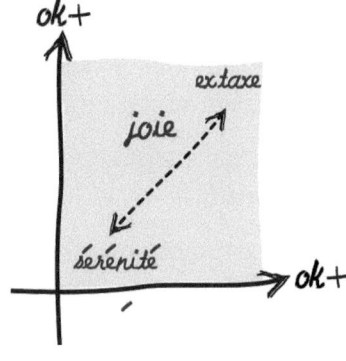

Cette réaction est une perception provenant directement de nos sens. Elle produit un comportement fait d'émotions positives telles que le contentement, la satisfaction, la joie. Dans cette position de vie, l'on se sent heureux et confiant, plus susceptible d'être ouvert et d'interagir avec les autres.

La position de vie ok-ok est celle où l'individu se sent ayant de la valeur, digne de respect vis-à-vis de lui-même et des autres. Cette position permet d'établir des relations saines et épanouissantes, fondées sur la reconnaissance mutuelle et la confiance.

Chacun se sent capable de penser, de ressentir et d'agir de manière autonome, acceptant ses limites et celles des autres. Chaque individu considère que l'autre est également un être valable et digne de respect.

Dans un petit village ensoleillé, perdu au milieu des vignes, vivait Lolajola. Elle est une femme solaire dont le rire cristallin résonne dans les rues pavées. Pour elle, chaque instant est une occasion de célébrer la vie.

Un jour, elle décide d'organiser une fête. Elle invite tous les habitants, de l'épicier au maire, en passant par le boulanger et la vieille dame qui tricote sur son banc.

La place du village est transformée en un océan de couleurs. Des guirlandes lumineuses scintillent, la musique résonne et les tables sont chargées de mets délicieux préparés par tous les habitants.

Les jours se succèdent, les nuits se transforment en aurores boréales artificielles, et la fête ne faiblit pas.

Les gens dansent, chantent, rient jusqu'à en perdre haleine. Les enfants courent, jouent, construisent des châteaux de sable imaginaires. Les adultes retrouvent une joie insoupçonnée, des liens se tissent, des amitiés naissent.

Mais au bout de quelques jours, les premières fissures apparaissent. La fatigue se fait sentir, les stocks s'épuisent, les tensions montent.

Certains commencent à regretter leur vie d'avant, leur routine et leur calme.

Lolajola, aveuglée par sa quête de joie, ne veut pas voir ces signes. Elle organise de nouvelles activités, de nouveaux jeux alors que l'enthousiasme initial s'étiole.

Un soir, sous un ciel étoilé, Lolajola se retrouve seule sur la place, entourée des vestiges de la fête.

Le silence est assourdissant.

Elle réalise alors, que la joie est une dynamique et qu'elle ne réside pas dans une fête interminable, mais bien dans les petits moments partagés, dans les instants de calme, dans l'équilibre entre les plaisirs et les repos.

Notre scénario de vie est une dynamique et nous ne sommes pas toujours dans la même position de vie. La position ok-ok met l'individu dans un registre de communication authentique, ouverte et honnête avec les autres.

Ainsi l'on exprime ses sentiments et ses besoins de manière claire et assertive, tout en respectant les sentiments et les besoins des autres.

Lorsque ces conditions sont réunies, nous vivons une joie profonde et durable. Nous sommes connectés à soi et au monde qui nous entoure, et nous sommes ainsi capables de nous passionner pour les plaisirs simples de la vie et de nous sentir optimistes quant à l'avenir.

Quelques fois, ce sont des petites choses qui nous conduisent dans ce ok-ok :

Dire "je t'aime" à ses proches.

Exprimer sa gratitude aux moments heureux.

Aider et répondre aux demandes.

Pardonner aux autres.

Prendre soin de sa santé physique et mentale.

Passer du temps dans la nature.

Poursuivre ses passions.

Comme nous l'avons vu avec la fête permanente du village, cette position de vie n'est pas toujours facile à vivre. Il peut être difficile de maintenir une vision positive de soi-même et des autres, surtout face aux épreuves de la vie.

Cependant, il est important de se rappeler que la joie est un choix. En choisissant de vivre dans ce ok-ok, nous augmentons nos chances de vivre une vie plus épanouissante.

En s'efforçant de cultiver une vision positive de soi-même et des autres, nous produisons une trajectoire au scénario rayonnant.

Les positions de vie représentent des schémas de pensée en fonction des comportements dans nos relations avec les autres.

Elles se forment principalement durant les premières années de vie et influencent notre façon de ressentir le monde.

Leur construction est engendrée par de multiples facteurs.

Les expériences de l'enfance jouent un rôle crucial dans leur développement.

Les messages contraignants appris très tôt et nos vécus douloureux contribuent à l'adoption instantanée de positions en réaction à une situation donnée.

Ces positions se diffusent aussi dans nos relations avec les amis, les partenaires et les collègues, et influencent les causes de nos difficultés, prenant la forme d'un cycle, créant ainsi un cercle vicieux ou vertueux.

Lorsque des relations positives et encourageantes sont fréquentes, elles favorisent l'adoption de positions de vie plus positives.

Nos valeurs personnelles intériorisées agissent aussi sur nos positions de vie, tout comme les signes de reconnaissance et autres stimulations de l'environnement. Tout cela participe à notre système de croyances.

Comme nous l'avons compris au travers des exemples, les positions de vie influencent profondément nos pensées, nos sentiments et nos comportements dans tous les aspects de la vie.

Elles modifient notre façon de communiquer, de formuler nos besoins et d'interpréter les messages des autres.

Elles bouleversent nos choix, nos priorités et notre manière d'aborder les défis.

Si les positions de vie se forment très tôt dans l'enfance, elles ne sont pas pour autant gravées dans le marbre.

Il est possible de les modifier tout au long de la vie grâce à un travail personnel et si nécessaire, avec l'aide d'un professionnel.

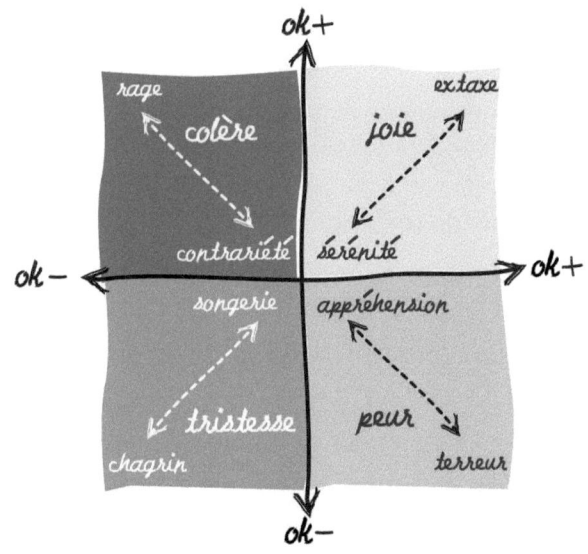

La Fascine des Acuités- La Psyché Dynamique

Le Tempo Illico

Jojoba est syndicaliste, il a été précieux dans la victoire des municipales. Tourja le nouveau maire, lui a promis qu'une fois élu, il accepterait son invitation et qu'il viendrait avec sa femme goûter la cuisine de son épouse.

Folaloba sait recevoir, ses plats sont fins et délicats. Ils se sont mariés depuis peu et n'ont pas encore d'enfant... mais un perroquet bleu du Mato Grosso.

Tous les quatre sont maintenant attablés, et Jojoba a le visage écarlate de bonheur et de fierté. Il sait qu'avoir à sa table le maire de la ville n'est pas chose banale. L'ambiance est conforme au camp des vainqueurs, chacun y allant de sa petite anecdote.

Quand soudain... le perroquet d'une voix des plus claires dit : "Mais que ce maire est con !".

Jojoba se lève brusquement, son assiette culbute son verre, la nappe en rougit... sa chaise bascule, il claudique et chancelle... il est à deux doigts de s'allonger de tout son long !

Il veut faire taire son animal... mais l'espiègle fait le tour de sa cage en répétant la tirade en boucle. Il en est rouge de honte !

Souvent, l'instant « T » ressemble à ces situations, où tout est comprimé, tel un ressort... puis un petit déclic libère soudainement toutes les énergies en présence, et cela de façon explosive, sans aucun contrôle.

Il s'agit de ce type de situation impétueuse, où les acteurs ont mis trop d'énergie, trop d'intentions… au point de faire un saut de "Tarzan" en passant au-dessus des circonstances, pour coûte que coûte… aboutir !

Il est ce genre de saut d'une rive à l'autre, aux travers les airs d'un immense canyon… Saut où en son sein, il y a beaucoup trop de vouloir et de toute-puissance, beaucoup trop d'une croyance gigantesque, irréelle et inefficace !

Quand l'énergie est concentrée à une telle échelle, elle est totalement contre-productive, puisque nous désirons la téléportation. Le saut de tarzan est sans effet… pour aboutir dans la réalité, il faudra simplement cheminer pour atteindre notre objectif.

Bon là, ça y est, nous avons presque tout bien pigé !…

Tout est en dynamique, nous-mêmes par la psyché dynamique, notre environnement avec sa peau de lézard, chacun bougeant à son rythme, rien n'est statique.

Tels deux filets d'eau, allant l'un vers l'autre, entraînés par la topographie du lieu, ils feront tôt ou tard un point de rencontre. Avant ce lieu de confluent, il est difficile pour chacun d'eux d'avancer, puis soudain la magie opère, telle la corne d'abondance, la propriété émergente nous livre toute sa générosité…

Quand les deux rigoles s'assemblent et elles deviennent une même et seule ravine qui creuse un lit d'une autre ampleur, bien supérieure à la somme de leurs forces initiales !
Le tempo illico est ce moment magique où les forces se décuplent. Il est cet état de convergence en mouvement. Il peut

être comme avec le perroquet un moment contraire, ou comme avec les deux rus un instant sublime.

Parmi les questions que l'on se pose à ce moment du cheminement, une nous taraude encore... Maintenant que j'ai bien compris que je suis dans la zone aride. Comment, avec le peu de moyens dont je dispose, vais-je parvenir jusqu'au lieu de l'aubaine ?

Les seuls moyens dont nous avons besoin pour aboutir à notre objectif sont le courage et la confiance en nos arbitrages, car désormais, nous avons une trousse à outils conséquente.
Avec la pensée ondulaire et son regard global, nous avons observé de nouvelles choses.

D'abord tout bouge dans l'espace plausible, la structure à trous, faite de grandes aires stériles, entourées de minuscules endroits très fertiles qui se dilatent et se contractent. Par cette vue d'ensemble, nous découvrons les facteurs à l'œuvre dans la propriété émergente et nous en déduisons à l'avance le lieu de la rencontre.

L'espoir est de distinguer l'endroit et sa teneur... pour identifier les places fécondes, de ces lieux où nous devons aller pour réussir notre "je peux". Savoir où ils se trouvent ne donne pas pour autant la toute-puissance de s'y rendre immédiatement... nous ne disposons pas du don d'ubiquité, celui qui permet d'être en deux endroits à la fois. Nous devons cheminer vers ce lieu espéré qui lui-même est en mouvement.

Tout est en mouvement, l'ensemble et notre vision du monde, aussi. Tout cela est de l'ordre de la note juste, qui s'obtient par de nombreuses tentatives. Elle est ce point précis où la justesse opère, où l'harmonie musicale surgit !

Avec cette intention en nous, cette envie de faire le parcours...

cette envie de déduire le tracé... cette envie de distinguer les paramètres au fond de notre psyché... cette envie de prendre la mesure des éléments à corriger... cette envie d'influencer la fascine des acuités... alors nous pouvons parvenir à finir le chemin jusqu'au but escompté.

Bien que malheureusement, le plus souvent, le pilotage de notre trajectoire par la psyché dynamique nous conduise aussi là où nous ne voulons pas aller.

Les interdits et les autorisations dans le DD-RR, comme dans la carte de la liberté, s'assemblent en cohérence avec le mille-feuille de la ligne du temps et dessinent une résultante singulière avec une force incroyable... pour nous faire trébucher.

Certains parcours nous paraissent inéluctables, prédéterminés, échappant totalement à notre contrôle et à notre libre-arbitre.

Pour autant, est-ce si inéluctable que cela ?

Ah ! Oui... l'adversité !
Évidemment, le malheur alimente la croyance en la fatalité et de nombreuses cultures et traditions la mettent en leur centre.

On retrouve l'infortune dans les mythologies avec les moires et les divinités tissant le fil du destin, ou encore dans la tragédie où les personnages sont confrontés à un sort horrible de fatalité.

Mais nous l'aurons compris ici, nous tentons de définir les causes rationnelles et subjectives produisant cette psyché dynamique, génératrice de la trajectoire de l'épreuve et de l'obstacle.

Bien sûr, l'identification, même précise, des facteurs en présence avec l'élaboration de l'arbre des causes dessinant la trajectoire, n'est pas toujours suffisante pour nous permettre de nous comprendre et de nous évaluer... et encore moins de changer la teneur des composants opérants. Autrement dit, connaître les causes ne suffit pas. Cela ne permet pas, dans la plupart des cas, de suggestionner le scénario de vie.

Les schémas de pensées au contrôle du déroulement du chemin emprunté sont d'une très grande résilience.

Néanmoins, ne désespérons pas, la connaissance du processus complexe a un impact réel sur nos comportements, et avec le temps... avec le temps seulement, la psyché dynamique produira un progrès significatif.

Quelle que soit la taille des trous dans le gruyère de notre biotope, il y a bien en périphérie aussi des pleins, gorgés de fromage...

Voici un petit coup du destin, un instant illico.

En Corse, sur les rives escarpées d'un petit village, y vit un vieil homme, courbé par le temps et marqué par les épreuves de la vie. Il est connu comme le "Piscasolo".

Jojoba passe ses journées à arpenter la mer, sa silhouette frêle se découpant sur l'horizon, sa barque ballottée par les vagues capricieuses. Il lance son filet avec une précision mécanique, ramenant chaque fois une maigre poignée de poissons.

Au village, on murmure dans son dos, on le voit comme un homme maudit par la fatalité, condamné à une vie de labeur et de solitude.

Mais Jojoba ne prête guère attention à ceux-là. Il a appris à vivre en harmonie avec la mer, acceptant son rythme et ses caprices. Il trouve une certaine paix dans la solitude, un sentiment de connexion profonde avec la nature qui l'entoure.

Il vient de sortir en mer... malgré la tempête qui fait rage !
Les vagues menacent de submerger sa barque... Jojoba scrute l'horizon... au loin, un petit bateau en détresse, il est ballotté par les flots furieux.
Les gens lui font des signes... Ils hurlent de terreur !

Sans hésiter, Jojoba braque sa barque vers le navire. Les vagues le frappent sur le trois-quarts. Il tangue et lutte contre les vagues déchaînées. Moins cinq ! Ouffff !

À deux doigts de se renverser... Maintenant qu'il est si près, le danger est encore plus grand !

Les deux bords des embarcations se soulèvent alternativement, et se transforment en bord de hachoir. Le danger est partout, si par malheur un naufragé se trouvait pris entre les deux coques.

À force de manœuvres, il parvient finalement à tous les secourir.
Ils sont épuisés, apeurés... groggy par la tension musculaire de leurs jambes et par la vibration réflexe de leurs biceps remplis d'adrénaline... mais ils sont sains et saufs.

De retour au village, Jojoba est acclamé comme un héros. Tous ceux qui l'avaient raillé, le regardent désormais avec admiration et respect. Ils ont compris que sa solitude n'était pas une malédiction, mais un choix, une expression de sa force et de sa compassion.

La légende du "Piscasolo" se répand de village en village, l'histoire de l'homme ordinaire se raconte jusque dans les bars, celui qui a accompli cet acte extraordinaire, fascine. L'événement devient un symbole d'espoir et de courage.
Les adeptes de la bonne morale y trouvent un rappel... que même face à la fatalité, il est toujours possible de faire preuve de compassion et de changer le destin des autres.

Ce fait divers illustre la complexité de la notion de scénario de vie. Si Jojoba semblait condamné à une vie solitaire, son choix d'aider les naufragés a changé le cours de sa vie. Maintenant, tous les réseaux sociaux parlent de lui et il en est très fier... on vient le voir pour le féliciter !

À n'importe quel moment de notre parcours, nous pouvons changer de position de vie. Toutes les positions sont acceptables et saines, la carte de la liberté nous permet de répondre avec justesse à la situation que nous vivons.
L'important est de ne pas attendre pour exprimer ses émotions. Dire immédiatement sa colère quand elle apparaît afin d'avoir une réaction appropriée à la situation. Si nous la gardons en nous... nous l'emmagasinons et elle deviendra inadaptée quand elle sera exprimée par le trop d'énergie qu'elle contiendra.

De même, vivre la tristesse à bon escient sans attendre, en lui donnant libre cours, nous préserve du désespoir et de la déprime. Également pour la peur, plus tôt nous acceptons de la nommer, plus tôt elle sera évacuée. Quand elle s'accumule et que la coupe est pleine, la peur se transformera en angoisse, produisant des frayeurs gigantesques totalement déconnectées du vrai.

L'étude de nos émotions et des positions de vie afférentes, nous offre une grande compréhension des circonvolutions de notre trajectoire de vie.

Nous pouvons tenter de percevoir si ces sinuosités nous permettent d'éviter les zones lacunaires et si elles nous amènent ou pas à la zone fertile.

Bien entendu, comprendre n'est pas transformer... mais plus nous nous comprenons, plus nous nous acceptons.

Mais alors pourquoi dire que "tout est possible" puisque c'est totalement inatteignable ?

Et pourquoi l'appeler ainsi : la carte de la liberté, alors qu'en réalité, c'est la carte de ma prison !

Comprendre de quoi est faite ma prison est un premier pas vers la liberté. Comme sur le schéma, les murs de ma prison sont en papier à cigarette... Ce sont de gros blocs de pierre parfaitement dessinés, pour que jamais nous ne puissions imaginer qu'il s'agit d'un décor !

Le chemin de la dépendance vers l'autonomie nécessite de prendre en compte nos interdits et nos blocages, notamment émotionnels... de prendre en compte notre réalité inconsciente, ainsi les murs peuvent disparaître à tout moment !

D'ailleurs, dès que nous entamons le projet de les examiner, les murs se déchirent... et la liberté apparaît !

Ou tout au moins à l'intérieur de notre trajectoire de vie, de nouvelles choses surgissent. Nous pouvons ainsi envisager de nouveaux projets. Grâce à l'analyse des paramètres cachés de la pièce d'à côté... nous pouvons mieux envisager le tempo illico, cet instant possible.

Certains diront : « Sommes-nous déjà au moment fatidique ? »

Minute papillon !

Mais, alors, comment nous y rendre à ce fameux lieu magique ?
Nous voici, ici, face à l'incertain, cette zone grise, dont nous ignorons tout.

" Serais-je capable d'infléchir ma trajectoire de vie pour aller jusqu'au moment plausible ?
En aurai-je le courage ? "
Le courage est cette capacité à faire face à l'incertitude avec détermination.

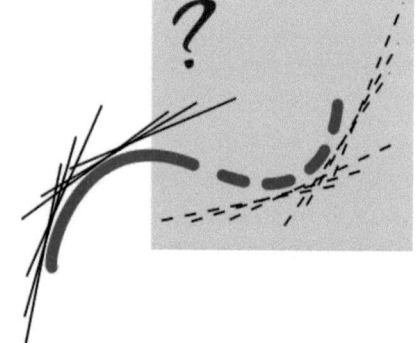

Il peut être une attitude physique, morale ou émotionnelle. Le courage est une force intérieure qui agit malgré les obscurités et les équivoques. Le courage est un moteur puissant pour surmonter les obstacles et atteindre les sommets, à la condition qu'il soit à la bonne mesure, en veillant qu'il ne devienne pas folie. Néanmoins gardons à l'esprit qu'il est indispensable à la réussite.
Courage !!!
Nous voilà, à ce moment qui fait le charme de la vie, où l'espoir se manifeste face à l'incertain, même quand les conditions de l'environnement ne nous sont pas favorables.
Ce moment où Saint-Ex libère les possibles du petit prince...
Cet instant d'émerveillement !
Néanmoins, la question qui suit immédiatement :
Quel est le mouton qui doit sortir de la caisse pour être le plus en harmonie avec l'environnement ?

C'est aussi la question que nous nous posons à la naissance d'un projet.
Comment allons-nous faire pour passer à la séquence d'après ?
Celle qui suit le "je veux"...
Avec la pensée ondulaire, nous avons navigué et nous avons

découvert à la fois la complexité du monde qui nous entoure, mais aussi la simplicité, qui en est à l'œuvre à sa source.

Au cours de ce voyage intérieur, nous avons investigué les paramètres agissant dans l'ombre de notre inconscient, par un balancement, presque un bercement, de l'universel au naturel, nous avons découvert tous les chemins possibles vers le tempo illico. Cet ensemble de trajets qui fait notre espace possible.

Nous avons observé aussi qu'un extérieur favorable était en latence tout autour de nous, un espace plausible dessinant une peau de lézard, trônant à quelques pas.

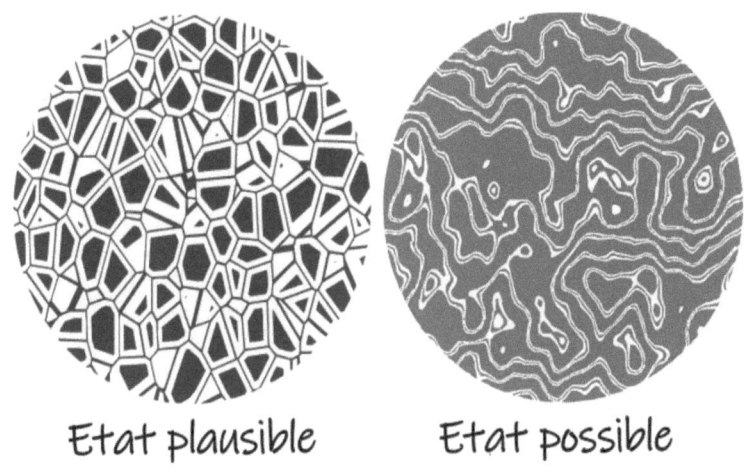

Etat plausible   Etat possible

Par la navette entre l'entièreté et le précis, nous avons détecté intuitivement le trait du tracé à produire à travers le biotope sociétal. Ce tracé qui déplace nos valeurs et nos croyances pour nous permettre d'atteindre le moment "je peux".

Nous savons maintenant que ce bon endroit est situé à quelques enjambées seulement et qu'il faut du courage pour agir jusqu'à l'intersection heureuse. C'est en agissant et en modifiant les paramètres de la boîte noire que nous ferons la distance, telle la gabarre tirée par les forces du sentier de halage.

Cette nouvelle construction mentale ondulaire, nous amène à ce moment qui nous défait de nos empêchements, et qui nous fait lâcher l'ancre pour agir librement sur nos réglages du cheminement. L'état plausible est partout autour de nous, où que nous soyons... Il est là à portée de main.
Faut-il encore y croire, pour aller jusqu'au bout !

Toutes les trajectoires de notre espace possible ont de grandes chances de croiser les conditions favorables à quelques pas.
Évidemment, un seul parcours de cet ensemble nous suffira.
A nous de le choisir, qu'il s'agisse de persévérance, d'acception, d'écoute, voire de frustrations supplémentaires pour aboutir.

En somme, le tempo illico est cet instant "je peux" qui se produira forcément au bon moment.... c'est en cela que des événements d'une vie sont singuliers.
Chacun les siens, ce qui fonctionne pour une personne, n'est pas la solution d'une autre. Avec un peu d'effort, ces quelques pas deviendront naturels et nous permettront d'améliorer notre capacité à accomplir nos rêves.

Quand le désir rencontre la propriété émergente, l'état plausible accueille sous les auspices de la providence l'état possible.

Alors "je peux" peut s'accomplir !

Les Éclairants

Les Éclairants

Le Cycle du Savoir

Tourja travaille en région lilloise dans une entreprise du soleil levant. Il décide en commençant la réunion de dire bonjour en japonais : shioyaki !

Malgré sa bonne volonté, tous sont surpris et sourient, il a confondu "konnichiwa" avec "shioyaki"...
Il vient de dire "Je suis un saumon grillé" au lieu de "bonjour"....

Apprendre est une élévation, un chemin passionnant, mais nécessite d'accepter son ignorance ! Et combien d'entre nous sont terrassés par l'idée même que l'on puisse découvrir leur insuffisance ?

Jadis, dans les bourgades médiévales aux dialectes occitans, l'idiot, le simplet du village était souvent dénommé "le babàou". Ici nous l'associerons avec l'ignorance ignorée que chacun peut rencontrer quelquefois dans sa vie.

Par exemple, il est une ignorance qui agacera ce qui aime les chiffres... Il s'agit de l'ignorance du 26 ! Le nombre 26 est le seul nombre que l'on connaisse pour le moment qui soit entouré par de puissances, 25 est un carré 5 et 27 est un cube 3 !

Combien d'entre nous ont déroulé une numération au fil des nombres en toute ignorance de cette curiosité. Souvent, nous traversons les situations tête haute, plein d'aplomb, dans l'ignorance totale des informations à nos pieds...

Tel celui qui énumère les nombres en passant par le 26 sans en connaître cette particularité. Ainsi, il nous arrive à tous, à un moment ou à un autre, d'être ce "babàou du 26".

Pour l'être grégaire que nous sommes, cet être qui vit en groupe, l'important est de comparer son niveau de savoir à celui des autres.

En réalité, nous tentons d'évaluer seulement la confiance en soi de notre interlocuteur. Certains affichent alors des données acquises dans d'autres situations, non pertinentes avec les nouvelles circonstances... ils méconnaissent leurs ignorances.

Quand nous regardons les nuages dans le ciel, ils nous paraissent proches les uns des autres... alors que quand les plus bas sont à 300m du sol, les plus hauts sont 20 fois plus loin et pourtant tous nous paraissent si proches.

De même, lorsque l'on compare le niveau de notre ignorance, les différents niveaux nous paraissent si près les uns des autres.
Mais le sont-ils vraiment ?

Le savoir n'est pas seulement une accumulation d'informations... Il est aussi la capacité à l'utiliser. Nous ne sommes pas égaux face à cette disposition intellectuelle. Non que nous ayons des intelligences différentes, mais parce que nous n'utilisons pas notre potentialité cognitive avec le même mode émotionnel et donc pas avec la même intensité.

L'esprit est un éventail, certains ont appris à l'ouvrir en grand, quand d'autres ne s'autorisent qu'à un petit déploiement... à quelques panaches, voire à un seul brin.
L'ouverture de l'esprit n'est pas liée à l'intelligence pure, mais au mode émotionnel. Il nous permet d'appréhender plus ou moins d'informations à la fois et nous autorise ou pas à accéder à d'autres pans entiers de la pensée.

Les émotions filtrent les informations avant que l'intelligence opère, ainsi elles choisissent le grain à moudre qu'elles donneront aux synapses... et celui qu'elles ne donneront pas !

Souvent, l'aide à la compréhension est une étincelle, elle nous permet de dépasser ces filtres, néanmoins, il faut de la persévérance pour qu'elle se produise et enjambe le mode émotionnel.

Le cycle du savoir se déroule en général selon ce schéma.

Nous passons d'une situation dans laquelle nous ignorons nos lacunes à une situation où nous avons une prise de conscience de nos connaissances.

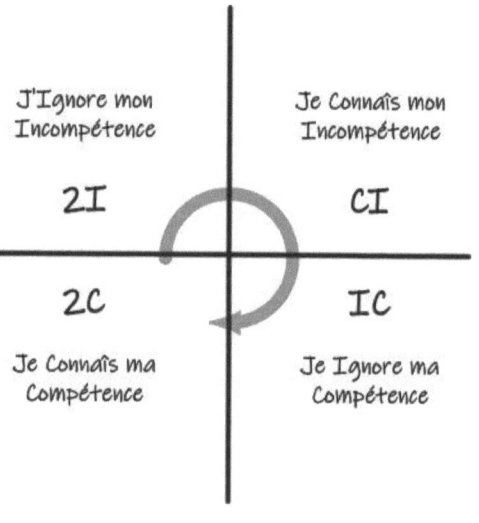

Ainsi, nous commençons par l'étape(2i)... nous ignorons nos ignorances, nous ne sommes pas conscients de nos lacunes. Nous pensons savoir, mais nous ne savons pas réellement.

Ensuite, avec du travail et de la prise de hauteur, arrive l'étape : (c-i). Nous sommes conscients de nos ignorances, nous prenons connaissance de nos lacunes. Généralement, grâce à un événement déclencheur, comme un échec ou une rencontre avec quelqu'un qui nous aide, ainsi se construit cette étape : le désir d'apprendre.

Ensuite, fort du travail effectué, une nouvelle période faite d'apprentissage, la troisième (i-c) s'ouvre à nous. Nous ignorons nos connaissances, alors que nous commençons à découvrir et à acquérir de nouveaux savoirs. Nous n'en sommes pas encore complètement conscients et ignorons nos progrès.

C'est alors qu'arrive la dernière étape de l'apprentissage.

Nous sommes conscients de nos savoirs. Nous avons acquis des connaissances et des compétences, et nous en sommes conscients. Nous pouvons les mettre en pratique et les utiliser dans nos différentes situations et ainsi résoudre nos problématiques.

Ce processus d'apprentissage n'est pas forcément linéaire, il est possible de rester bloqué à une étape pendant un certain temps.. Nous passons d'une étape à l'autre en fonction de nos expériences et de notre motivation.

De nombreux facteurs influencent chacune de ces phases de découverte et d'apprentissage. Plus la motivation est grande, plus nous sommes avides d'apprendre, et plus nous sommes susceptibles de progresser rapidement dans ces phases.

Les facteurs environnementaux sont importants, comme l'accès à l'éducation, l'accès aux ressources et la disponibilité de livres ou d'enseignants, voire de mentors. Ainsi notre milieu influence fortement notre capacité à apprendre.

Pour d'autres, la relation au savoir n'est pas libre, pour eux rien n'est fluide... notamment s'ils sont persuadés que le savoir n'est pas légitime dans leur milieu social.

Ceux-là souffrent du syndrome de l'imposteur... Alors quand leur savoir est acquis avec labeur, ils ne le perçoivent pas comme étant légitime.

Les phases de l'apprentissage sont un processus essentiel à intégrer dans nos croyances.

Elles nous permettent de grandir et de nous développer... En comprenant ce processus, nous pouvons mieux nous positionner pour réussir dans nos domaines de prédilection.

La prise de conscience du Cycle du Savoir : "2i-2c" nous donne de grandes perspectives à notre imaginaire, et nous ouvre de nouveaux champs d'évolution.

La conscience de ce processus "2i-2c" permet d'accepter les efforts tout au long du chemin à accomplir pour parvenir à la connaissance si indispensable à notre épanouissement !

Même si, par taquinerie, nous pouvons dire que tout commence avec « le babàou du 26 » !

La boucle des réalisations

Pour sa communauté indienne, Jiddu Krishnamurti était le nouveau messie. Comme un pied de nez à ses paires, il est cocasse de découvrir dans sa très grande œuvre littéraire, son chemin vers l'athéisme.

L'ignorant n'est pas celui qui manque d'érudition, disait-il !

Mais celui qui ne se connaît pas lui-même...

Avec la boucle des réalisations, nous irons naturellement observer la situation selon la pensée ondulaire...

Parce qu'elle nous oblige à observer la totalité du parcours pour atteindre la réussite, mais aussi parce qu'elle nous force à avoir un regard attentif lors du passage entre les étapes pour y parvenir.

Pour Gysa Jaoui, la réussite est un cycle en quatre phases.

4 Satisfaction

3 Réussite

2 Mise en Œuvre

1 Projet

La première étape est l'élaboration du projet et consiste à définir clairement ce que nous voulons accomplir. Soit bien réfléchir à nos motivations et à nos valeurs. Nous mesurons à ce stade si notre projet a des chances de se réaliser.

La seconde étape est la mise en œuvre du désir. Une fois le projet défini, nous pouvons passer à l'action et créer un plan pour le mettre en œuvre. Il est important de rester concentré sur ses objectifs tout au long de cette étape.

Le troisième moment est d'atteindre l'objectif. Lorsque l'on a mis en œuvre notre plan avec succès, et que nous avons atteint notre objectif, c'est le moment de célébrer la réussite !

Ce dernier temps psychologique consiste à ressentir la satisfaction, à prendre le temps de savourer son succès.

Cette phase implique de réfléchir à ce que nous avons accompli. Elle est ce moment... du temps d'être fier de soi. Ce dernier palier est essentiel au renouvellement de l'énergie.

Il préserve du burn-out !

La satisfaction que l'on ressent nous motive. Elle nous permet de couper avec l'intensité et la soif de réussir... cela afin de pouvoir nous fixer plus tard de nouvelles missions et relever de nouveaux défis.

Si les choses se déroulaient selon ce plan, nous serions tous dans un état d'accomplissement total, certainement pas en train de lire ce livre.

Alors, que se passe-t-il de si fréquent, pour que la réussite soit un si long chemin ?

Mais qui donc nous coupe l'herbe sous les pieds ?

Il y a caché dans l'environnement une vilaine sorcière avec son filtre :
"Ne réussis pas !".

Parmi les quatre messages contraignants qui pilotent la psyché dynamique, chacun a son mode d'entrave spécifique !

« Sois parfait » => le « bourreau de travail »

« Sois fort »   => le « rêveur éveillé »

« Fais l'effort » => le « désapprobateur »

« Fais plaisir » => l'« hyperréactif »

Chaque profil physiologique a son injonction, particulièrement néfaste à la réussite de l'objectif.

Le premier d'entre eux, le bourreau de travail oublie la quatrième étape. Il réussit ce qu'il entreprend, mais ne sait pas se satisfaire de sa réussite. Alors, il s'assigne un nouveau but dès que la ligne d'arrivée est franchie. Son injonction « Ne réussis pas » a été véhiculée par des messages disant :

« Nous n'en attendions pas moins de toi ».

Ici, l'intérêt des parents pour les réalisations de l'enfant est réel, mais en même temps ils ne savent pas vraiment l'exprimer, ni manifester leurs encouragements. La petite personne continue sans cesse l'effort, espérant la reconnaissance jusqu'à l'épuisement.

La meilleure parade à cette injonction « Ne réussis pas » consiste pour ces personnalités à leur présenter la boucle des réalisations, en leur indiquant la façon dont ils s'empêchent de ressentir de la satisfaction devant leur réussite.

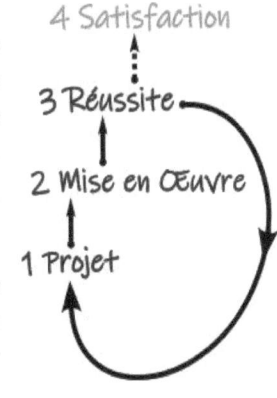

Une telle procédure est très éclairante pour leur esprit logique. Une sorte de « Bon sang, mais c'est bien sûr ! » intervient alors.

Cette révélation leur ouvre la possibilité de se donner la

permission d'être satisfaits de leur aboutissement. Ces personnes, aimant remplir leur tâche jusqu'au bout, prennent la quatrième étape de la boucle des réalisations comme un objectif.

Ainsi, le fait de vivre la satisfaction du travail accompli leur permet de vivre le soulagement des tensions et le plaisir inhérent au bon résultat.

Pour le rêveur éveillé, les choses sont toutes autres. Sa difficulté est qu'il n'a pas reçu la permission de mettre son projet en œuvre.

Alors, il brasse très souvent des rêves, des phantasmes. Il se voit voyager et réaliser une grande œuvre, rencontrer la femme ou l'homme de sa vie. Mais il ne se décide pas à agir, à se mettre à l'action pour réussir son projet.

Il arrive même qu'il n'en parle à personne, se contentant de le rêver.

Quand il se fait accompagner, il ne semble pas avoir d'idée précise d'objectif, et lorsqu'on l'interroge un peu plus, on s'aperçoit qu'il veut tout... et rien.
En fait, il est rempli d'attentes magiques vis-à-vis de l'environnement. Pour parvenir à une réalisation, il devra aller chercher de l'aide. Ainsi, il retrouvera de l'énergie pour mettre en œuvre son projet personnel quel qu'il soit.

Ici, ce qui apparaît, c'est que l'injonction « Ne réussis pas » a été transmise à ces personnes par la dévalorisation de leurs idées, de leurs projets, de leurs ambitions. La dévalorisation a pris la forme de moqueries, de remarques méprisantes, de signes de reconnaissance négatifs sur eux-mêmes et sur leur capacité à entreprendre.

Blessés devant ces réactions, ils ont décidé pour se protéger de garder leurs projets pour eux, de les rêver et de ne pas prendre le risque de les réaliser. Leur peur, que leurs parents aient pu avoir raison, est trop grande.

L'idée même qu'ils pourraient être raillés en cas d'échecs devient une certitude paralysante et justifie qu'ils ne soient pas capables d'y arriver.

Pour aller à l'encontre de ces messages de sorcière, ils ont besoin de la confrontation avec la Responsabilité.

Il s'agira pour eux de pouvoir exprimer l'ambition, le rêve, naturellement en évitant toute critique, toute ironie, toute dérision.

L'environnement devra se montrer sincèrement enthousiaste et émerveillé devant ce projet et ainsi rassurer la personne en l'aidant à réinvestir de l'énergie positive dans ses choix.

Au début, il faut un environnement bienveillant car le travail étant laborieux. Le rêveur éveillé est évasif.

Il utilise beaucoup de systèmes de communication défectueux et défensifs pour protéger son rêve de la critique.

Dans un deuxième temps, une fois la confiance établie, l'environnement pourra l'aider à confronter le projet à la réalité avec des données rationnelles.

Folaloba travaille comme employée de bureau depuis des années. Elle a fini par se confier à son amie de longue date. Elle rêve depuis toujours d'être puéricultrice. Elle ne lui en avait jamais parlé.

Son amie est très enthousiaste à cette idée. Elle l'approuve et l'encourage. Puis, elle lui demande comment elle compte s'y prendre pour y parvenir.

Folaloba répond qu'elle l'ignore encore, mais qu'elle y arrivera.

À chacune des rencontres, son amie lui pose des questions précises sur l'avancement du projet. Elle continue à la soutenir sans réserve. Folaloba se donne pour la première fois, les moyens concrets pour parvenir à réaliser son rêve.

4 Satisfaction
3 Réussite
2 Mise en Œuvre
1 Projet

Petit à petit, elle prend confiance en elle et passe de plus en plus à l'action en commençant par suivre des cours du soir.

Certes, elle n'a pas encore intégré totalement la permission de réussir, mais pour la première fois, sans doute depuis longtemps, elle est passée de l'étape 1 à l'étape 2 de la boucle de réalisation en mettant en œuvre un rêve gardé de longues années dans l'ombre.

Pour le profil de l'hyperréactif, en général, à la permission de réussir, elle est effective. À la condition qu'il ne suive pas un projet vraiment personnel, mais qu'il adhère au projet, explicite ou implicite, d'un tiers.

C'est comme s'il prenait la boucle de réalisation à l'étape 2, l'étape de la mise en œuvre du projet, en oubliant d'élaborer un objectif qui lui soit propre.

La combinaison du message contraignant qui le pousse à faire plaisir et du message inhibiteur qui l'empêche d'être lui-même, produit une injonction secondaire : « N'aie pas de projet personnel », en somme, "ne sache pas ce que tu veux réellement mener à bien..." ce message parental est une forme subtile, mais bien réelle de l'injonction « Ne réussis pas ».

Sa principale caractéristique est la volonté d'entrer dans les vues de l'autre, avec la subtilité de leur "Petit Professeur" pour devenir ce que l'on attend de lui et prendre l'apparence d'une réussite.

Donc ses premières victoires dans le projet sont trompeuses. Il s'agit pour la psyché dynamique de continuer à faire ce qu'elle aime faire... soit d'être dans le projet des autres !

Cet artifice empêche de repérer l'injonction « Ne réussis pas ». Ce qui peut le mettre sur la voie dans cette quête, ce sera cette sur-adaptation, cette attente intensive de caresses de l'environnement pour son projet mené à bien.

Il est fréquent, malgré ces premières réussites, que tout cela s'effondre par l'insatisfaction rapidement réenclenchée de ne pas être dans le projet d'un autre. Il s'agit là de l'insatisfaction en tant que sentiment-parasite.

Pour en sortir, la stratégie résidera dans un dosage habile entre le soutien et la confrontation avec la responsabilité... afin d'aider cette personne à gérer sa frustration de ne pas recevoir les caresses qu'elle attend.

Il s'agit là de l'aider à se recentrer sur elle-même pour parvenir à définir son propre projet et le mener au bout. La permission à intégrer est celle d'être soi-même, grand et responsable... Celle de « Savoir ce qui est bon pour moi », « de reconnaître mes besoins », etc.

4 Satisfaction

3 Réussite

2 Mise en Œuvre

1 Projet

Ce profil sait comment s'obtient la réussite, puisqu'il se charge de celle des autres.

Ainsi, Jojoba l'hyperréactif, depuis un an est dans un nouvel environnement. Il a déjà rempli avec succès un premier contrat avec lui-même : « Accepter sa compagne telle qu'elle est », puis dans la foulée, « Avoir de meilleures relations avec ses collègues ».

Jojoba restitue ses résultats très positifs. Il évoque facilement à quel point tout se passe mieux pour lui dans ses relations avec les autres, depuis qu'il les accepte davantage et n'attend plus des autres qu'ils se conforment à ses attentes.

Ainsi son plaisir est sincèrement exprimé, même si son discours non-verbal demande toujours encouragement et soutien.

Le déclic sera activé quand il dira simplement : « Il serait temps que je m'occupe de moi ! ».

Voici le dernier profil de cette injonction de sorcière : "Ne réussis pas !", il s'agit du profil du désapprobateur. C'est la grande figure classique de l'injonction « Ne réussis pas ».

Il exprime un objectif en général raisonnable, met tout en œuvre, fait des efforts pour y arriver et, patatras...

Le projet se casse la figure, ou, il se crispe... transpire, déploie des efforts démesurés et... et... y arrive... presque !
Ou encore, il réalise un autre projet moins ambitieux et il en est déçu.

Paradoxalement, ces personnes n'ont pas forcément eu des parents qui leur ont dit « N'y arrive pas ». Il s'agit bien plus souvent d'une décision de l'enfant pour résister à la pression parentale vécue comme envahissante.

« Tu vois comme j'essaie ».

Le parent veut faire faire... mais l'enfant ne veut pas. Il n'ose pas s'opposer au parent... donc il essaie... mais n'y arrive pas !

Pour s'en sortir et intégrer la permission de réussir, ces personnes ont besoin d'intégrer que ce sont elles-mêmes... d'abord elles-mêmes... et avant tout elles-mêmes... qui ont intérêt à réussir.

Quand on voudra les aider, il faudra éviter de parler d'objectifs, de changement comportemental et social. Le désapprobateur préférera des desseins exprimés en termes plus généraux.

Ainsi, par rapport à la boucle de réalisation, on évitera le piège de l'obstacle entre la 2ème et la 3ème phase en le contournant soigneusement.

C'est le cas de Jojoba.

Il est en deuxième année de sciences économiques et dit à qui veut l'entendre : « Je veux terminer ma licence ».
En réalité, il manœuvre pour amener son environnement à être partie prenante dans son système.

Il veut inconsciemment embarquer l'autre dans son projet pour diluer sa responsabilité. Pour l'aider, l'on devra le renvoyer à sa responsabilité. Sous une forme ou sous une autre, il devra arriver à assumer son projet de réussite... Lui montrer qu'il s'agit de son affaire, en le projetant dans la situation future avec sa réussite en main.

Ainsi, il découvre le plaisir que l'on éprouve à penser, à savoir et à remplir les quatre étapes de la boucle de réalisation.

Il est important de noter que ces quatre phases ne sont pas nécessairement linéaires.

Nous pouvons revenir à une étape précédente à tout moment si besoin. L'important est de progresser et de ne jamais abandonner ses rêves.

Les Éclairants

Le Quarval

(L'information incompressible)

Sur le campus, ça barjotte, un bruit court qu'une soirée s'organise.

- Folaloba, tu as vu l'affiche de l'after ?
  Toute la fac en parle, y a une bamboche qui se prépare samedi soir !

- Ah bon ? C'est où ?
  Hé, Tourja, j'aimerais trop y aller... viens avec moi !

- Ben, regarde le plan sur l'affiche, tout est marqué dessus.

L'affiche indique la description du trajet, toutes les données pour nous rendre à la Teuf :
« Prendre à droite au carrefour... puis à gauche au feu... etc. ».

Qu'est-ce que l'information incompressible ?
C'est l'information minimale qui permet de s'y rendre. La voici...
L'information incompressible pour aller à cette soirée, ce sont les coordonnées GPS du lieu : "48°51'12.0"N 2°20'55.0"E".
Avec ces quelques éléments, nous avons là le moins d'informations qu'il est possible d'avoir tout en gardant la finalité intacte.

À savoir les éléments qui nous permettent de connaître le lieu de la fête pour nous y rendre précisément.

L'information incompressible est faite des données minimalistes d'une configuration, tout en gardant l'objet et le sens de la situation.

Avant d'aller plus loin, soyons avertis que ce chapitre nous oblige à faire un effort de compréhension et qu'il est possible de le zapper en allant directement au suivant.

Pour ceux qui ne seront pas rebutés par la tâche... prenons en exemple un moment d'échange entre deux personnes.

La relation se fait par la demande d'une d'elles... et supposons que nous sommes cette deuxième personne...
Mais nous ne voulons pas de la demande !

Les manichéens nous diront : "je le savais ! Tout est blanc ou noir...". Alors, il est possible qu'ils se déjugent à la lumière de ce dernier exposé.

Revenons à notre exemple, nous avons dit "NON" à la demande de l'autre.

Le quarval est un concept qui nous invite à prendre en compte la position de l'autre. Avec cette approche, nous disposons pour une même situation de plusieurs items aux valeurs différentes... Dans notre exemple "NON" est à la valeur un (1) et "OUI" est à la valeur zéro (0), et pour notre interlocuteur c'est le contraire.

De ce fait, nous avons deux états juxtaposés, soit un ensemble de quatre items possibles dont les valeurs définissent la confrontation du moment de vie avec l'environnement.

Cette juxtaposition nous ouvre un champ de quatre positions possibles matérialisées selon le schéma suivant... Chacun des acteurs peut dire (1 oui), (2 non), (3 oui et non), (4 ni oui, ni non)...

Avec ces quatre items, nous n'avons plus un interrupteur binaire (2) mais un compilateur tétravalent (4).

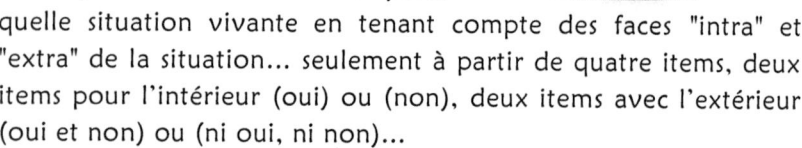

L'idée est en fait très simple.

Il est possible de définir n'importe quelle situation vivante en tenant compte des faces "intra" et "extra" de la situation... seulement à partir de quatre items, deux items pour l'intérieur (oui) ou (non), deux items avec l'extérieur (oui et non) ou (ni oui, ni non)...

C'est presque enfantin !

Cette approche intellectuelle nous donne immédiatement l'accès à l'entièreté, elle nous fait quitter le "moi-moi" du nombril pour nous obliger à tenir compte du biotope. Elle nous fait passer du binaire à la tétravalence, en intégrant un degré additionnel d'abstraction permettant de décrire la complexité.

Alors que la montée vers le complexe n'est que d'un seul niveau par rapport au binaire... nous obtenons toute la mesure de la situation. Cette élévation à l'étage est magique, elle suffit à définir l'ensemble des positions décrivant la situation.

Une fois à ce niveau d'informations, nous découvrons qu'il n'est plus possible de les réduire sans perdre du sens. Avec ce degré de données, nous approchons avec le quarval, de fait, la notion d'information incompressible...

Les valeurs des quatre items décrivant la situation restituent la totalité du sens...

En somme, quand toutes les données inutiles de la description ont disparu, la découverte, au fond du creuset, est le quarval... les valeurs de ses quatre items définissant le moment vivant.

Nous sommes passés du binaire oui-non centré sur soi... à la tétravalence prenant en compte les deux acteurs, soit les oui-non de chacun des protagonistes et ainsi nous avons découvert l'information incompressible.

Bien entendu, il est possible d'agencer différemment ces mêmes quatre items en les intégrant dans la carte de la liberté... ainsi observer notre quart de prédilection, cette zone que nous avons choisie très tôt dans la vie, pour son confort à nos yeux.

En fait, cette zone préférentielle du quaval est formée par d'un nuage de points... chaque point matérialisant notre position dans nos différentes relations.

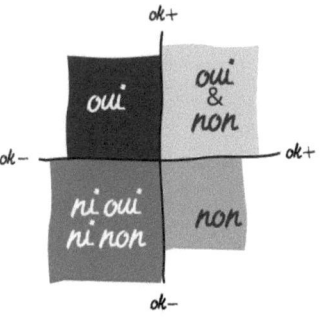

Nous le savons, il y a ceux qui disent non à tout, ou ceux qui dise oui sans être d'accord... ou encore ceux qui sont ailleurs et ne décident jamais.

Quant aux derniers, leur empathie est légendaire, ils font corps avec toutes les situations... ne pas leur donner d'adresse de chien écrasé, ni de chat d'ailleurs... ils iraient sur le champ se prosterner !

On l'aura compris, le quarval est une facilité mnémotechnique, parce que quatre items et aussi comme nous venons de le voir, nous avons au fond de nos formatages d'enfance, un quart de préférence...

Il est toujours possible d'aller au prochain chapitre, pour ceux qui n'auront pas l'envie de continuer.

La puissance de raisonnement du quarval, est qu'il décrit les nuances du moment précis et prend en compte aussi l'ailleurs, notamment par la valeur de la quatrième position.

Maintenant proposons-nous de combiner les items comme-ci :

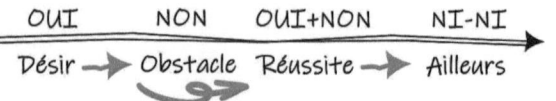

Le quatrième élément semble ne servir à rien, et pourtant il est tellement important. À la première lecture, ce "ni-ni" nous laisse perplexes.

Pourquoi donc l'immense ailleurs participerait-il à la description de la situation si précise et si singulière ?

Tout l'esprit du livre... ce concentre ici dans ce "ni-ni" !

L'ailleurs n'est que dans l'esprit des partisans de la situation.

Autrement dit, l'ailleurs serait fait de l'entièreté moins la singularité vécue par les acteurs.

Mais l'entièreté couvre toutes les particularités... et donc aussi celle des protagonistes en question. Elle englobe l'ensemble de la dimension subjective de la situation, jusqu'à la totalité des possibles des interlocuteurs.

A ce stade du cheminement, nous apparaît tout l'intérêt de cette approche qu'est le quarval et son "ni-ni"... il décrit, à la fois, l'exception situationnelle et l'ensemble dans laquelle elle se trouve.

Qu'il s'agisse de technologique, de philosophique ou d'autre chose, le quarval en situant les sujets par rapport à un ailleurs donne tout le sens à la particularité. Le "ni oui ni non" devient très pertinent dans ce contexte.

Il nous invite à sortir du cadre du vrai - faux et nous fait entrevoir la chétivité de la notion de vérité.

La dichotomie du manichéisme, par sa bifurcation si simple, nous donne une vision erronée des instants, et souvent, c'est avec cette méprise que nous arbitrons nos actes... et produisons nos bévues.

L'énoncé, vrai ou faux, est insuffisant à la description. Avec simplement cette alternative, nous ne disposons pas de toutes les données nécessaires, pour affirmer qu'une chose est exacte ou inexacte, avec certitude. Pour décrire la duplicité d'une configuration, nous avons besoin des quatre positions pour identifier les circonstances.

Le quarval met en lumière, en synthèse, la pluralité des liens entre le sujet et son environnement. Souvent nous ne pouvons pas prédire, l'exception du moment, ce qui se passera après tel point.

Le "ni ni" exprime cette indétermination, cet aléa de la complexité. Il nous invite à quitter nos habitudes de penser pour envisager des possibilités auxquelles nous n'avions pas songé auparavant.

Il nous propose d'envisager les éléments qui dépassent notre compréhension du moment actuel.

Il décrit une réalité plus complexe que celle que nous pensons comprendre et nous éclaire sur notre vision nombriliste et sur le fait que nos connaissances sont souvent limitées à nos enjeux.

Le quarval nous invite à dépasser la lisière de notre conscience et à explorer les vastes possibilités de l'existence, comme on peut le voir dans cette représentation ci-dessus... où la quatrième valeur est celle qui englobe le tout... invitant par son "ni-ni" à explorer l'idée qu'il n'y aurait pas de vérité absolue !

Le "ni-ni" est cet ailleurs, si précieux pour les chercheurs en logique floue et c'est aussi, avec cet ailleurs que nous avons commencé cet ouvrage.
Certains penseurs ont tracé des lignes et des repères dans ce vaste champ informel.

Ils nous proposent le facteur phi (γ).

Le facteur phi est un liant particulier des éléments, il est à la fois précis et immense, détenant l'infini dans sa propre valeur 1,618∞... Comme on peut le voir sur la figure, ici, il est un lien résultant de la relation entre le triangle, le carré et le rond !

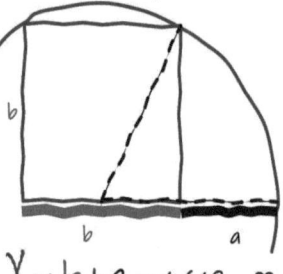

$$\gamma = b + a = 1{,}618...\infty$$

Phi, en tant que nombre irrationnel, permet de capturer les nuances et les subtilités... jusque dans le minuscule !

On le retrouve dans la suite de Fibonacci et dans le nombre d'or. Tout cela nous renvoie aux propriétés émergentes et à la notion d'infini !

L'ailleurs est multidimensionnel, comme l'est aussi la notion d'infini. Il existe plusieurs infinis, qui sont imbriqués les uns dans les autres. Il existe l'infini des entiers, par exemple: 1,2, etc.

Mais il existe aussi un infini plus petit... celui des entiers pairs ou des entiers impairs.

Que, l'infini existe après la lisère de notre monde, cela est plaisant au commun des mortel, ça nous va bien... mais que nous soyons entourés dans notre espace le plus intime d'infinis, cela ne convient pas du tout, notamment sur le plan social.

L'adage populaire : "Après la borne, il n'y a pas plus de limites" en démontre l'angoisse.

Pour le groupe, les contraintes sont pertinentes, et de manière générale, c'est l'un des paramètres de l'intelligence sociale. Les normes et les conventions facilitent la coordination des actions et la réalisation d'objectifs communs.

En somme, le groupe a besoin de ses deux jambes, la règle et la religion, soit la croyance en la règle.

Il est indispensable, pour le commun sociétal, que des mécanismes gèrent les désaccords et trouvent des solutions pacifiques aux tensions. Il en va de la cohésion sociale !

L'adhésion aux normes procure un sentiment d'appartenance et contribue à la construction de l'identité individuelle et collective. On peut donc dire, à juste titre que le "ni-ni" a mauvaise presse.

Et pourtant, ceux sont dans ses valeurs d'ailleurs que nous trouverons le lâcher-prise, la sagesse et sa vacuité et tant d'autres choses encore...

À chacun d'aller les chercher... ou de les accueillir... voire de les ramasser à ses pieds...

La complexité est une bonne fille, pour qui prend le temps de la connaître !

L'Anthèse

D'où vient cette odeur dans le jardin ? Cette odeur suave qui flotte et nous emporte... ferme les yeux et profite de cette embrasse de parfums qui nous emmènent !

L'anthèse est la phase de floraison chez une plante. Elle est cette période d'épanouissement, ce moment où elle est la plus belle. L'anthèse est spectaculaire dans certaines espèces, notamment par les effluves épicées de celles aux grandes fleurs. Mais elle peut être beaucoup plus discrète et passer inaperçue chez les plus végétatives.

C'est une phase importante dans le cycle de vie d'une plante, souvent synchronisée avec d'autres événements du biotope, tels que la migration des pollinisateurs.

Ce phénomène analogique se produit chez une personne pendant sa progression, au moment du pic de son développement personnel.
Comme pour les plantes, chez l'humain, ce n'est pas un état permanent, mais il peut se renouveler fréquemment.

L'anthèse est ce chemin vers le sommet, vers le point culminant d'une transformation, l'apogée d'un épanouissement. Cette phase de vie nourrit et déclenche une actualisation de soi dans tous les aspects de l'existence.

Parvenir à l'anthèse n'est pas un processus instantané ni facile. Il est jalonné de défis, d'obstacles et de moments de doute. Cependant, c'est aussi un voyage étonnamment riche et gratifiant qui mène à une vie de plus en plus significative.

Quelques éléments clés peuvent nous aider à atteindre l'anthèse. D'abord le doute, il nous donne du temps. Puis l'effort, d'autant que les difficultés s'accroissent dans les derniers mètres.

À l'approche de l'aboutissement, nous devrons redoubler d'efforts !

Comme nous l'avons démontré, nous sommes, où que nous soyons, à quelques pas des meilleures choses espérées. Souvent, ces dernières enjambées deviennent les plus difficiles à effectuer. L'adversité est croissante vers l'arrivée, elle peut nous empêcher de parvenir jusqu'à ce moment si précis du tempo illico .

Parmi les empêchements à cet accomplissement, le paradoxe de la double contrainte. Elle nous paralyse et bloque notre psyché dynamique par sa contradiction. En somme, la double contrainte nous dit en même temps: " vas-y et n'y vas pas ! ".

Par exemple, une mère offre deux tee-shirts à son fils, un bleu ciel, l'autre bleu marine.
Celui-ci part faire du sport avec le bleu ciel...
Sa mère l'interpelle et lui dit : « tu n'aimes pas le bleu marine ?».

La situation de double contrainte nous enferme dans un carcan d'attentisme. Quelle que soit, la réponse, elle sera fausse pour notre environnement. En double contrainte, toutes les réponses sont considérées par le milieu comme "inappropriées", souvent dans le projet de nous maintenir dans un état de dépendance.

La personne est dans une ambiance où il est impossible d'agir, la double contrainte est une prison mentale. À un certain niveau d'intensité, elle peut rendre fou !

Prenons le cas d'une double contrainte à faible intensité, comme celle de la société actuelle, celle qui met la pression à être à la fois productif et à la fois à prendre soin de soi. Alors, comment rester au bureau jusqu'à plus d'heures et en même temps aller au sauna ?

Dans d'autres situations, la double contrainte peut être affective, la où le partenaire exprime le besoin d'indépendance, mais se montre jalouse ou jaloux lorsque l'autre passe du temps avec des amis.
Pour parvenir à l'anthèse il est essentiel d'identifier et de développer des tactiques pour faire face aux situations de double contrainte.

Oui !

Nous devons identifier les freins, les peurs, voire les sabotages qui sont sur le chemin de notre projet, afin d'aboutir à cette éclosion. Pour y parvenir, nous aurons besoin d'une compréhension profonde de soi, de ses forces, de ses faiblesses, de ses valeurs, de ses motivations et de celle de notre environnement.

Cette analyse introspective indispensable peut être entamée avec des outils comme la matrice "MOFF".

MOFF	Risques	Aubaines
Externe	Menaces	Opportunités
Interne	Faiblesses	Forces

L'introspection permet d'apprendre à accepter pleinement ses perfections et ses imperfections. Cette phase est essentielle à la croissance, elle nous défait de la honte et nous autorise à nous embrasser avec compassion.

Cet objectif de développement personnel demande un engagement actif et une volonté d'aller au-delà de sa zone de confort.

Ici, arrêtons-nous un instant !

Sortir de sa zone de confort, ne signifie pas : "se mettre en danger", il s'agit de faire l'effort d'agrandir notre surface d'action, tout en restant dans l'aire de notre potentiel. Notre espace d'agir est tellement plus grand que celui que nous utilisons en général. Il va bien au-delà de la limite que nous posent nos propres peurs.

Après l'enceinte de protection construite par nos angoisses, ou par l'environnement social... il existe bel et bien un pré carré, plus grand, plus fertile, accessible à nos compétences, qui s'offre à nous !

Pour atteindre ce développement, il est important de devenir exigeant avec à soi-même et de travailler profondément sur soi, afin de relever les défis qui nous font peur.
Notre potentiel est immense... il suffira d'être ouvert à de nouvelles expériences et perspectives.
Avec la volonté d'accepter d'apprendre, nous pourrons remettre en question nos croyances et nous développer en tant qu'individu singulier.

La nourriture de l'esprit demande la même mastication que celle de l'estomac pour préparer la digestion.

L'anthèse est un processus qui se produit après une certaine macération. Il n'y a pas de destination finale, mais plutôt un parcours de découverte et de transformation.

En s'engageant vers le jardin nouveau pour grandir et évoluer, chacun peut atteindre son plein potentiel et vivre une vie plus réjouissante et pleine de sens.

Les facteurs contribuant à atteindre l'anthèse sont faits seulement de quelques variables. À chacun de trouver les siennes, chaque cheminement est unique, il n'y a pas d'approche qui convienne à tous.

L'important pour y parvenir, est de trouver ce qui fonctionne pour soi et de nous engager à l'utilisation de notre plein potentiel, d'autant qu'il existe une bonne centaine de techniques psychologiques et de thérapies pour se libérer de nos entraves.

Dans ce trousseau de clés, un autre point important est le sentiment qui peut nous envahir : "celui de ne pas être choisi". Il peut toucher profondément et engendrer des émotions négatives. Il est important de comprendre que ce sentiment est souvent lié aux soifs non satisfaites, tels que le besoin d'appartenance, d'estime de soi et de reconnaissance.

" je veux être choisi " est un logiciel psychologique qui agit profondément, et de manière significative, sur nos pensées, nos émotions et nos comportements. Il a un fort impact sur notre vie.

Parce que nous sommes intrinsèquement un être social par nature, et que le désir d'être choisi est souvent enraciné dans nos soifs fondamentales d'appartenance et d'amour.

Nous recherchons généralement des liens significatifs avec les autres et désirons nous sentir acceptés et validés au sein d'un groupe ou d'une communauté. La pulsion d'être choisi renforce ce sentiment d'appartenance et exalte notre besoin de connexion humaine.

Lorsque nous sommes sélectionnés ou préférés, nous ressentons une valorisation de nos compétences.

Elle est plus particulièrement importante pour les personnes qui luttent contre une faible estime de soi ou un manque de confiance en soi.

Être choisi procure ce sentiment d'unicité et de distinction, faisant nous sentir spéciaux et différents. Il remplit un besoin de reconnaissance de notre identité et la soif d'exister... Se sentir choisi, nous donne l'impression d'avoir quelque chose de particulier à offrir au monde... un sens à vivre !

Ce désir est aussi lié à la crainte de rater des opportunités ou d'être laissé pour compte. Trop d'énergie dans cette envie nous pousse à rechercher constamment l'approbation et la validation des autres. Il met en lumière aussi notre incomplétude chronique.

" je veux être choisi " est un puissant moteur qui influence nos pensées, nos émotions et nos comportements de manière significative. Plusieurs motivations sous-jacentes l'alimentent, les comprendre nous permet de mieux cerner son impact sur nos arbitrages.

Dans certaines situations, le désir d'être choisi peut être lié à une dynamique de pouvoir et de hiérarchie. Nous pouvons chercher à être choisis par des figures d'autorité ou des personnes influentes pour gagner leur faveur, et obtenir des avantages ou gravir les échelons sociaux.

La force de ce désir varie en fonction de nos expériences individuelles, du contexte culturel et de nos besoins émotionnels. Comprendre ces motivations nous aide à mieux gérer ses effets sur notre vie. Il est essentiel de nouer des relations saines et équilibrées basées sur le respect mutuel et la confiance, plutôt que sur la recherche constante d'approbation ou de domination.

En reconnaissant nos motivations sous-jacentes et en développant une approche plus équilibrée de l'amour-propre et des relations interpersonnelles, nous pouvons contrôler l'emprise du désir d'être choisi et vivre une vie plus authentique.

N'oublions pas que nous ne sommes pas seuls dans notre voyage vers l'anthèse. De nombreuses personnes ont parcouru ce chemin avant nous et il existe de nombreuses ressources disponibles pour nous aider à monter cet escalier.

Autrement dit, l'anthèse n'est pas une distinction que j'obtiendrai pour avoir été bien sage...
Qu'il s'agisse de conquérir :

- un état corporel de bonne santé... (métabolisme)
- un état d'autonomie en sécurité... (protection)
- un état relationnel intense et positif... (estime de soi)
- un état intellectuel riche et prolixe... (bel esprit)
- un état onirique élévatoire... (dépassement)

L'anthèse est une conquête !

Avec de l'engagement et de la persévérance, nous pouvons atteindre la porte de ce jardin personnel.

Sur la couverture du livre trône un zigzag celui de notre trajectoire, il est aussi l'initiale de "**S**"oi.

Tout au long de ma carrière, j'ai associé des concepts entre eux, ou au contraire, je les ai tronçonnés en les recollant tout autrement.

Dans le seul but de permettre à ma cliente ou à mon client d'appréhender au mieux les ressorts cachés de son scénario de vie.

Au fil des pages, nous avons pu découvrir que derrière la complexité à l'œuvre dans la psyché dynamique, il y a malgré tout, à la source, des éléments très simples et des variables modifiables.

Ce texte est né, de l'humble envie d'aider tous ceux qui sont en chemin, avec à la main ces quelques variables... et qui doutent quant à leur réussite de parvenir à un bon réglage.

Comme d'aucuns trouveront que la démarche n'est pas des plus académiques, je leur opposerai que pour un bon cru, en accompagnement... d'abord de l'éthique et de la déontologie !
Est-ce que si les pairs du coaching moderne avaient plus d'ancienneté, aurions-nous entendu parler de Diogène et de son tonneau ?

Dans ces dernières lignes, est venu le temps de se remercier, non de se remercier par politesse. Ces remerciements-là sont inutiles avec soi-même, mais de se remercier par gratitude pour le courage que nous avons eu de faire les efforts d'introspection tout au long de cet ouvrage.

Pour le corps, la nature est bien faite, nous grandissons normalement jusqu'à l'état d'adulte... mais pour l'esprit, il en va autrement... s'infatuer nécessite une intention sans faille, un courage consistant et beaucoup de labeur !

Terminer la lecture d'un livre sur le développement personnel, c'est bien plus qu'atteindre la dernière page. C'est le début d'un quelque chose... d'un quelque chose de nouveau... d'un quelque chose de nouveau avec soi-même...

C'est le début d'une jolie balade intime, d'une transformation profonde et d'un autre regard sur le monde. Un regard que l'on pourrait résumer ainsi :

"Aux agapes de l'immense et de l'infime, y siège la tétravalence ; le binaire n'y a pas sa place !"

Maintenant que nous sommes prêts à commencer à faire notre premier pas vers l'anthèse.

Alors, le moment est venu de lire le Conte de Claude Steiner, ce conte formidable, que je recommande avant chacun de mes accompagnements.

"Le conte chaud et doux des chaudoudoux !"

Je ne pouvais pas terminer cet ouvrage sans rendre un énième hommage à Alexander Grothendieck !

En invétéré "touche à tout", il m'arrive de commettre quelques sculptures signées, Ator. En clin d'œil, j'ai tenté de symboliser sa trouvaille philologique :

"Les épousailles du nombre et de la grandeur".

Il est le nombre, elle est la grandeur... Et vraisemblablement, ils s'aiment !

Le bisou... Υ à la brisure de la symétrie : www.artmajeur.com/ator

Sommaire